Bernhard Wördehoff

Die Dichter bitten zu Tisch

Am besten lesen. Am besten lesen.

Bernhard Wördehoff

Die Dichter bitten zu Tisch

Vom Essen und Trinken in der Weltliteratur

 Am besten lesen. *Am besten lesen.*

Einbandgestaltung:
Finken & Bumiller, Stuttgart
Einbandabbildung:
Pál Szinyei Merse: Picknick. 1872/73.
© akg-images.

Die Deutsche Nationalbibliothek verzeichnet diese Publikation
in der Deutschen Nationalbibliografie;
detaillierte bibliografische Daten sind im Internet über
http://dnb.d-nb.de abrufbar.

Der Lambert Schneider Verlag ist ein Imprint der WBG
(Wissenschaftliche Buchgesellschaft), Darmstadt.
2., unveränderte Auflage 2011
(Die 1. Auflage ist unter dem Titel „Sage mir, Muse,
vom Schmause" erschienen.)

Die Herausgabe des Werkes wurde durch
die Vereinsmitglieder der WBG ermöglicht.
Layout und Satz: schreiberVIS, Seeheim, in Zusammenarbeit
mit Elke Göpfert, Mörlenbach-Weiher
Printed in Germany

Besuchen Sie uns im Internet: www.lambertschneider.de

ISBN 978-3-650-24300-3

Elektronisch sind folgende Ausgaben erhältlich:
eBook (PDF): 978-3-650-71854-9
eBook (epub): 978-3-650-71855-6

Inhalt

Hors d'Œuvre

Was Schreiben und Kochen miteinander verbindet

Ich meines Orts kenne im ganzen Leben nichts Nützlicheres als Essen und Trinken, da ohne beydes vom Leben nicht einmal die Rede wäre.

Lukian von Samosata

Was Lukian vor rund 1800 Jahren aufs Papyrus gebracht hat, erklärt die vielfältige Beschäftigung der Literatur aller Zeiten und Länder mit dem Essen und Trinken. Denn Literatur ist Lebenszeugnis. Also ist in Büchern auch die Rede von dem, was Leben, wie Lukian schreibt, überhaupt erst ermöglicht.

Seit eh und je haben sich die Poeten von dem inspirieren lassen, was aus Küche und Keller auf Tisch und Teller kommt. Was Gaumen und Zunge reizt, verwandelt sich unter ihrer Hand in die Fülle des Buchenswerten, wie es bei Thomas Mann heißt. Das beschränkt sich nicht auf die Feststellung des Nutzens von Essen und Trinken zur Lebenserhaltung. Lukians deutscher Übersetzer Christoph Martin Wieland hat vor zwei Jahrhunderten eine Tischrunde das Humane an den Tafelfreuden hymnisch erklären lassen:

Die Mahlzeit des König Artus. Buchmalerei, franz., 15. Jh. Aus dem ›Livre de Messire Lancelot du lac‹ von Gautier de Moap.

„*Mit unter wurde viel Schönes zum Preis der Kochkunst gesagt und (nicht ohne Grund, dünkt mich) behauptet: Daß sie eine der ersten Stellen unter den schönen Künsten verdie-*

ne, und einen der wesentlichen Vorzüge des Menschen vor den übrigen Thieren ausmache. Auch dem Erfinder des Weins wurde mit vieler Andacht ein schallender Lobgesang angestimmt ... "

Wie Wieland hat auch ein großer Literat des 20. Jahrhunderts die Kochkunst unter die Musen eingereiht und die Verwandtschaft zwischen Schreib- und Küchentisch begründet. In ›Romane lesen‹ schreibt Walter Benjamin:
„*... die Kunst des Romans wie die Kochkunst beginnt erst jenseits des Rohprodukts. Und wieviel nahrhafte Substanzen gibt es, die im Rohzustand unbekömmlich sind! Kurz, wenn es eine Muse des Romans gibt – die zehnte –, so trägt sie die Embleme der Küchenfee. Sie erhebt die Welt aus dem Rohzustande, um ihr Eßbares herzustellen, um ihr ihren Geschmack abzugewinnen.*"

Auch in der täglichen Umgangssprache machen Literatur und Kochkunst Anleihen beim Wortschatz der schwesterlichen Muse. So wird ein spannendes Buch zum Lesefutter. Es wird vom Leser verschlungen, stillt seinen Lesehunger und macht Appetit auf mehr vom selben Koch, vielmehr: dem Autor. Es sei denn, dieser habe in seinem neuen Buch nur einen alten Schinken aufgekocht oder verwurstet. An einem trocknen Inhalt kaut der Leser mühselig herum wie an einem zähen Beefsteak und sehnt sich dann nach einer süffigen Story. Auch in der Küche schaut man über den eigenen Tellerrand hinaus und zapft das Vokabular der Literatur an, wenn das Werk den Meister loben soll. So wird aus einem Dessert ein „Dialog von Früchten", der das vollendete Menü – „es war ein Gedicht" – abschließt.

Die Autoren, die in diesem Buch zu Wort kommen, haben auf sehr unterschiedliche Weise und zu sehr verschiedenen Zwecken übers Essen und Trinken geschrieben und was im Guten und Argen dazugehört. Die Reihenfolge, in der sie dem Leser aufwarten, ist mit Bedacht gewählt, stellt indessen keine Rangfolge dar. Denn deren Problematik hat schon im Mittelalter den Tafelgästen so manchen Festschmaus vergällt. Als 1298 die deutschen Fürsten zu Nürnberg mit einem Bankett dem neuen König Albrecht I. zu huldigen versammelt waren, gab es bei der Sitzverteilung schweren Ärger. Denn sowohl der Erzbischof von Köln als auch sein Mainzer Amtsbruder wollten partout rechts neben dem König auf dem Ehrensitz Platz nehmen. Otto von Steiermark hat berichtet, wie der Streit eskaliert und schließlich zu einer Zweikampf-Forderung des Kölners geführt habe.

Solches Ungemach zu steuern, wusste die Literatur in der Person des Heinrich von Freiberg Rat. Bald nach obgenanntem Ärgernis beschreibt er in seiner Fortsetzung des ›Tristan‹ eine Tafelrunde, die wörtlich zu nehmen ist: die *table ronde*, den runden Tisch. An ihm sitzen die besten Ritter des sagenhaften Artushofs in der daher so bekannt gewordenen Artusrunde in gleicher Würde, weil es kein Oben und kein Unten gibt: *„daz sie gesitzen dar an, die sitzen alle herlich, in einer herschaft alle glich.“* Überzeugend, nicht wahr?

Nur hat leider die Wissenschaft erforscht, dass der runde Tisch der Artusritter eine reine Erfindung der Literatur ist. *„In Wirklichkeit sahen die Tische anders aus. Sie waren rechteckig und lang“*, hat lakonisch Joachim Bumke festgestellt, ein Gelehrter der Literaturgeschichte des Mittelalters. Oben am langen rechteckigen Tisch saß, Ranghöchster, der Tischherr.

Die Literatur war mit der Erfindung des runden Tisches ihrer Zeit voraus, jedenfalls in Europa. In China ist die sinnvolle Tischform seit langem gang und gäbe. Hierzulande dient sie dem unkulinarischen Zweck der Diskussion, bei der manch einer, auch ohne einen Bissen, den Mund zu voll nimmt.

Von den Dichtern des Mittelalters erfährt man zwar, wie wichtig ihrer Zeit die Sitzordnung bei Hofe war. Was die Schüsseln auf dem Tisch enthielten, ist den Sängern des Berichtes jedoch kaum wert gewesen. Ihre Mitteilungen bleiben in diesem Punkt mager. Das ist schade. Denn der Gourmet im Leser unserer Tage möchte sich die Lektüre möglichst nachschmeckend auf der Zunge zergehen lassen. Das ermöglichen solche Autoren, die ihr Talent weniger an Liebe und Hass, an Herz und Schmerz oder dem Seelenheil entzündeten als am Feuer im Herd, das Topf und Pfanne die erforderliche Hitze für Gaumen und Zunge ergötzende Gerichte zuführt. Nachruhm übers Kochbuch.

So ein Autor war zum Beispiel James Montgomery (1771 bis 1854). Spezialisten für frommes Liedgut mögen wissen, dass er noch heute gesungene Kirchenlieder verfasst hat wie ›Ever with the Lord‹ oder ›Prayer is the Soul's sincere Desire‹. Bei säkularen Leckermäulern jedoch ist die dem frommen Mann zu dankende Zubereitung à la Montgomery Gemeingut, im gehobenen Kochbuch nachzuschlagen: mit Zwiebelpüree gefüllte Tortelettes, Streifen von Spinat-Eierkuchen und Madeira-Sauce zu Fleisch.

Ein anderer Fall von literarischem Nachruhm auf dem Weg über das Kochbuch ist Henri Murger (1822 bis 1861). Wohl stützt sich das Fortleben seines Namens auch auf Puccinis Oper ›La Bohème‹, deren Libretto Murgers Roman benutzt, der sonst wohl vergessen wäre. Der Murger-Salat hingegen ist eine feste Größe in der klassischen Kochbuch-Literatur: Streifen von gekochten Kalbsfüßen und Artischocken mit Essig, Öl, Senfpulver und gehackten Kräutern angemacht. Ob Murger, der in der Pariser Bohème zu Hause war, den Salat selber komponiert hat oder ob er nur nach ihm benannt wurde, bleibe dahingestellt. Sein Nachruhm klingt in Puccinis Arien der Hungerleider um die sterbenskranke Putzmacherin Mimi mit und erhält eine freundliche Note durch den schmackhaften Salat seines Namens.

Wenn sich literarischer Nachruhm an Kochrezepte knüpft, geht er zuweilen ungewöhnliche Wege. Noch verschlungener ist der Pfad, wo er im Rezept à la Marion Delorme endet. Die zu Lebzeiten (1613 bis 1650) berühmte Marion selbst war keine Dichterin, sondern eine schöne Kurtisane. Als solche gewährte sie ihre Gunst außer Louis II. Condé auch einem Dichter namens Des Barreaux. Der glänzt zwar in den einschlägigen Literaturgeschichten durch eine glatte Fehlanzeige, doch seine Existenz ist uns als Fußnote zu jenem Tellergericht erhalten, das den Namen der Marion Delorme führt: Artischockenböden mit einer Füllung aus Champignon- und Zwiebelpüree, dazu Nusskartoffeln, gebundener Bratensaft sowie kleine Fleischstücke oder Geflügel. Während die Genüsse, die die schöne Marion großzügig auch ihrem Dichter gewährte, vergänglich bleiben mussten, überlebte das nach ihr benannte Kochrezept mitsamt der biographischen Fußnote, die dem Dichter Des Barraux ein danteskes Schattendasein nach seinem Tode gewährt. Tisch und Bett gehören, wie man nicht nur an diesem Fall erkennen kann, gelegentlich und nicht nur in der Ehe zusammen. Stets bleibt entscheidend, ob geschmackvoll ist, was aufgetischt wird, ob auf dem Teller oder als Lektüre.

Der Wechselbeziehungen zwischen Kochtopf, Buch und Leben sind gar viele. Richtig, ja hochwichtig und lebensweise ist die These des Philosophen Ludwig Feuerbach: „*Der Mensch ist, was er isst.*“ Ergänzt wird sie durch das Wort von Golo Mann: „*Wir alle sind, was wir gelesen.*“ Zuweilen verschmilzt das eine mit dem anderen. Welche dauernden Auswirkungen hatten die Speisegebote des Alten Testaments oder gar dessen strikte Verbote? Hat der uns auferlegte Verzicht auf Habicht und Häher, Wiesel, Molch und Maulwurf, seien sie nun gebraten, gesotten oder auch in Aspik, negative Auswirkungen auf die Adamiten im Sinne der Feuerbach'schen These gehabt? Zweifellos haben Moses Speiseverbote stärkeren, vor allem nachhaltigeren Erfolg gehabt als seine zehn Gebote, die er vom Sinai mitbrachte.

Das Buch der Bücher hält dem Leser nicht nur geistlichen und praktischen Rat für alle Lebenslagen bereit, erzählt nicht nur schöne und schlimme Geschichten aus fernen Tagen. Aus ihm steigen auch verlockende Düfte reich beschickter Tafeln und kitzeln des Lesers Nase. Wovon sie künden, ist im folgenden Kapitel nachzulesen.

Gesegnete Mahlzeiten

Die Bibel als Kochbuch

Darum pries ich die Freude, daß der Mensch nichts Besseres hat unter der Sonne denn zu essen und zu trinken und fröhlich zu sein.

Prediger Salomo

„Verlockend anzusehen und gut zu essen“: So sind die Früchte des Gartens Eden beschaffen, die Gott für den Menschen als Speise vorgesehen hat. Sagt die Schlange. Ansehnlich sind diese Früchte offenbar gewesen, bekömmlich aber nur teilweise, was den Genuss denn doch erheblich minderte. Der Verzehr des Obstes aus dem Garten Eden hatte für das erste Menschenpaar jedenfalls weit reichende und durchaus nachteilige Folgen. A priori wird der vegetarische Auftakt der biblischen Ernährungsgeschichte mit dem Genuss der verbotenen Frucht bei allem Erkenntnisgewinn zum Sündenfall schlechthin. An der Frucht haben wir, nehmen wir die Schrift beim Wort, noch immer zu kauen.

Was aber die gastrosophische Seite der ›Genesis‹ angeht, so bietet das Buch uns schon bald nach der Geschichte vom unseligen Obstverzehr im Paradiesgarten kulinarisch reichen Trost. Eine der zahlreichen Erzählungen von und mit Vater Abraham tischt uns jene Speise und jenen Trank auf, die wir bis auf den heutigen Tag hoch und heilig halten und ohne die uns auch der säkulare Alltag nicht mehr denkbar ist: Brot und Wein. Kurz bevor Gott mit ihm seinen Bund schließt, hat Abram, wie der Erzvater zuerst noch heißt, seinen Neffen Lot in einem Feldzug aus Feindeshand befreit. Als Sieger wird ihm ein würdiger Empfang bereitet: *„Melchisedek, der König von Salem, trug Brot und Wein heraus. Und er war ein Priester Gottes und segnete ihn.“*

Der Sündenfall.
Lucas Cranach d. Ä., 1533.

Damit begegnet der Bibelleser zum ersten Male dem vom Segen überhöhten Mahl mit Brot und Wein. Im Abendmahl des Evangeliums wird es seine kultische Apotheose erfahren (Matthäus 26, 26 – 28).

Das religiöse Ritual, das sich in der Bibel mit der profanen Leiberhaltung durch Essen und Trinken verbindet, bringt dem aufmerksamen Leser zugleich den täglichen Speisezettel nahe, mit dem die Menschen jener fernen Tage im Nahen Osten lebten.

Welche Kost kräftigte David, der den Goliath mittels einer Steinschleuder besiegte? Ein Verzeichnis der Lebensmittel für ihn und seine Hirtenkrieger gibt Auskunft:
„Da eilte Abigail und nahm zweihundert Brote und zwei Krüge Wein und fünf zubereitete Schafe und fünf Maß Röstkorn und hundert Rosinenkuchen und lud alles auf Esel."

Die Zusammensetzung dieser Lieferung wirft freilich Fragen auf. Selbst den Fall gesetzt, dass die Fladenbrote und Rosinenkuchen nicht üppig dimensioniert waren, so nehmen sich, gemessen an ihnen und den immerhin fünf Schafen, zwei Krüge Wein doch sehr mäßig aus. Man muss allerdings wissen, dass der Wein in jener fernen Zeit immer nur mit Wasser verdünnt getrunken wurde und wohl auch nur so genießbar war. Wein war rar. Sozusagen als Tischwein wurde er nie getrunken. Nur wenn es festlich, zeremoniell oder rituell herging, wurde Wein gereicht. Und wenn man es sich leisten konnte, wie man es auch in der David-Geschichte lesen kann.

Frau Abigail gelingt es zunächst, den martialischen David mit den guten Esssachen an seinem Vorhaben zu hindern, ihren störrischen Gemahl und dessen Stamm nach

Brauch und Sitte umzubringen. David also lässt sich versöhnen und sieht angesichts der nahrhaften Leckereien von seinem Feldzug ab. Abigails Gatte stirbt gleichwohl, nicht von Davids Hand, sondern ausgerechnet nach zu reichlichem Weingenuss. David heiratet die zur Witwe gewordene tüchtige Abigail. Dass die Liebe ihren Weg über den Magen nehmen kann, lehrt also schon diese alttestamentliche Geschichte. Vielleicht hat hier das einschlägige Sprichwort seinen Ausgang genommen.

Die Grundnahrungsmittel des Orients sind, wie aus der Bibel ersichtlich, bis in unsere Tage unverändert geblieben. Das lässt sich auch aus dem Klagelied der Israeliten ablesen, als Mose ihnen beim Auszug aus Ägypten, auf dem Wege vom Sinai nach Moab, einige Entbehrungen zumuten muss. Sie jammern: „*Wer wird uns Fleisch zu essen geben? Wir denken an die Fische, die wir in Ägypten umsonst aßen. Und an die Kürbisse, die Melonen, den Lauch, die Zwiebeln und den Knoblauch.*" Aus den Klagen sind metaphorisch die Wonnen der Fleischtöpfe Ägyptens erhalten geblieben.

Mose hatte es, wie die Schrift kundtut, mit den Seinen oft schwer. Sie sind störrisch selbst dann, wenn durch Moses Vermittlung Gott als Nothelfer eingreift und in der Wüste Manna regnen lässt. Ihre Skepsis gegenüber dieser himmlischen Nahrung ist allerdings nachzuvollziehen, wenn man erfährt, wie die Wunderspeise zustande kommt. Höchst irdisch nämlich, indem Schildläuse den Saft aus Tamariskenzweigen saugen und ihn verdickt als weißliche, süße Kugeln zu Boden fallen lassen. Ob es nun der Hunger ist, der es den Israeliten am Ende munden lässt, oder das Zeugnis ihres Gaumens? Denn Manna mundete „*wie Koriandersamen und weiß und hatte einen Geschmack wie Semmel mit Honig*" (2. Mose, 16). Daher denn nach Hörensagen Beduinen jener Gegend dergestalt noch heute ihr Manna schmausen.

Auch später sollte Mose bei der Nahrungsbeschaffung für seine Leute göttlicher Hilfe teilhaftig bleiben. In der Stiftshütte (3. Mose, 2) verrät ihm Gott ein Rezept für feine Backwaren, die als Speisopfer geeignet sind:
„Willst du aber als Speisopfer etwas im Ofen Gebackenes darbringen, so nimm Kuchen von feinstem Mehl, ungesäuert, mit Öl vermengt, oder ungesäuerte Fladen, mit Öl bestrichen. Ist aber dein Speisopfer etwas auf der Pfanne Gebackenes, so soll 's von ungesäuertem Mehl sein, mit Öl vermengt und du sollst es in Stücke zerteilen und Öl darauf gießen."

Es finden sich, ob fürs Vegetarische oder Fleischliche, im Alten Testament mancherlei Kochrezepte – als Gebote. Bei deren Befolgung winkte das Gelobte Land. Und das wird (5. Mose) als wahres Schlaraffenland beschrieben: *„... ein Land, darin Weizen, Gerste, Weinstöcke, Feigenbäume und Granatäpfel wachsen, ein Land, darin es Ölbäume und Honig gibt, ein Land, wo du Brot genug zu essen hast, wo dir nichts mangelt."*

Speis und Trank waren dem Alten Bund gleichermaßen Leibes Notwendigkeit wie geheiligte Gaben ihres Gottes. Kurz vor seinem Tode preist Mose den einzigen Gott und seine Gaben für Jerusun (Israel). Es sind vornehmlich kulinarische Gaben:
„Er (Gott) ließ ihn (Israel) einherfahren über die Höhen der Erde und nährte ihn mit den Früchten des Feldes und ließ ihn Honig saugen aus den Felsen und Öl aus hartem Gestein, Butter von den Kühen und Milch von den Schafen samt Fett von den Lämmern, feiste Widder und Böcke und das Beste vom Weizen und tränkte ihn mit edlem Traubenblut."

Vermochte Israel aus diesen Lehren Honig zu saugen? Wohl nicht immer: *„Da aber Jerusun fett ward, ward er übermütig. Er ist fett und dick und stark geworden und hat den Gott fahren lassen, der ihn gemacht hat."*

Die vom Essen und Trinken durchtränkte, oft inspirierte Literatur des Alten Testaments hat nicht nur religiöse Poesie mit handfesten Anweisungen für den rechten Lebenswandel hervorgebracht. Neben praktikablen Kochrezepten und anderen kulturgeschichtlichen Informationen findet sich auch so manches Schauer- und Schelmenstück. So etwa, wenn die Bereitung von Pfannkuchen mit der Vergewaltigung der Tamar durch ihren Bruder Ammon endet (2. Samuel, 13) oder sich eine wahre Schnurre um Gurken dreht (2. Könige, 4). Hier bewährt sich der Prophet Elisa in der Küche – je nach Lesart – als Wundertäter oder Nothelfer:
„Als aber Elisa wieder nach Gilgal kam, war Hungersnot im Lande. Und als die Prophetenjünger vor ihm saßen, sprach er zu seinem Diener: Setze einen großen Topf auf und koche ein Gemüse für die Prophetenjünger! Da ging einer aufs Feld, um Kraut zu sammeln, und fand ein Rankengewächs und pflückte sein Kleid voll mit wilden Gurken. Und als er kam, schnitt er's in den Topf zum Gemüse – sie kannten's aber nicht – und legten es den Männern zum Essen vor. Als sie nun von dem Gemüse aßen, schrien sie und sprachen: O Mann Gottes, der Tod im Topf! Denn sie konnten 's nicht essen. Er aber sprach: Bringt Mehl her! Und er tat's in den Topf und sprach: Lege es den Leuten vor, daß sie essen! Da war nichts Böses mehr in dem Topf.“

Kein Wunder: Der vieler Gaben gerühmte Prophet Elisa hat sich als praktischer Koch erwiesen, als er den bitteren Gurkengeschmack durch die Zugabe von Mehl neutralisierte. Der von seinen Jüngern gewähnte und seither in Predigten gern erwähnte Tod im Topf war zur gedickten Gemüsepampe verkocht worden.

Außer dem kochenden Diener des Propheten Elisa trifft der Leser im Alten Testament auch auf einen regulären, namentlich leider unbekannt gebliebenen Koch. Er steht (1. Samuel, 9–10) in Diensten Samuels. Der *„sprach zu dem Koch: Gib das Stück her, das ich dir gab und dabei befahl, du solltest es bei dir zurückbehalten. Da trug der Koch eine Keule auf und den Fettschwanz.“*

Das waren (und sind noch heute) vom Fettschwanzschaf die leckersten Teile. Samuel, so ist nach dem heiligen Text zu schließen, hatte sie wohl allein verzehren wollen. Nun aber erhält sie Saul, bevor er zum König gesalbt wird.

Die Haushaltung des weisen Salomo war üppiger als bei Samuel beschickt. Küche und Speisekammer schöpften aus dem Vollen (1. Könige):
Salomo *„mußte täglich zur Speisung haben dreißig Kor (Sack) Semmelmehl, sechzig Kor anderes Mehl, zehn gemästete Rinder und zwanzig Rinder von der Wiese und hundert Schafe, ungerechnet Hirsche und Rehe und Gazellen und gemästetes Federvieh“*.

Woraus zu ersehen ist, dass auch Fettlebe bei Hofe und in besseren Kreisen sich auf die Bibel berufen kann.

Wie mag es bei Elisa, Samuel oder Salomo geschmeckt haben? Die Schlussfolgerung liegt nahe: wohl ähnlich wie bei uns zu Haus, wenn die gleichen Zutaten verwendet werden. Eine Lammkeule Samuel wäre demnach wie folgt zu bereiten:

Rezept

Eine Lammkeule von ca. zwei Kilogramm mit **Knoblauch und Rosmarin** spicken, salzen und pfeffern.
Im gewässerten Tontopf auf ein Bett von kräftig angeröstetem Wurzelwerk legen (**Karotte, Zwiebel, Lauch, Sellerie, Knoblauch** – in große Stücke geschnitten).
Ein Kräuterbündel dazutun und **kräftigen Rotwein** angießen.
Tontopf mit Deckel schließen und in den kalten Ofen stellen, dann eine halbe Stunde bei 200 Grad und etwa eine halbe Stunde bei 150 Grad schmoren. –
Das Ergebnis würde auch Saul geschmeckt haben.

Nicht mangelt' ihr Herz des gemeinsamen Mahles

Die Tafel der homerischen Helden

Jetzo geht zur Ruhe, nachdem ihr das Herz euch erfreuet
Nährender Kost und Weines; denn Kraft ist solches und Stärke.

Homer, Ilias

Homer, der Ahnherr der abendländischen Literatur, hat uns genau darüber ins Bild gesetzt, was Essen und Trinken seinen Griechen bedeutet hat. In seinen Epen wird, stets im Hexameter-Maß, wacker geschmaust und rüstig gezecht. Dazu fehlt es nicht an Anlässen. Nicht wenige dienen uns unverändert auch heute zur gemeinschaftlichen Tafel.

So werden Verhandlungen durch ein Arbeitsessen eingeleitet und beendet durch ein Abschlussbankett. Die Tischrede dient politischem Zweck, gerät wohl auch zum Rechenschaftsbericht. Noch lange nach dem Kampf um Troja blieb es wie in der

Gastmahl. Symposiasten auf Klinen, von einem Epheben bedient. Außenbild einer Schale.

›Ilias‹ Brauch, sich bei Tisch für das bevorstehende Gefecht zu stärken und danach den Sieg mit einem Festmahl zu krönen. Beim religiösen Opferdienst vor Eröffnung der Schlacht beschränkt man sich seit Abschaffung der Vielgötterei auf symbolische Altargaben von Viktualien. Das war in der Antike anders. Wurden die Götter des Olymps angerufen, ging das nicht ohne Begleitung eines Bratens ab. Von ihm fiel für die Beter freilich der größere Teil ab, und vom Wein wurden wohl auch nur ein paar Tropfen für Zeus und die Seinen versprengt. Wird heute ein sportlicher Wettbewerb mit der Bemerkung angekündigt, dieses Mal gehe es um die Wurst, so ist das natürlich nur sinnbildlich zu verstehen, in der ›Odyssee‹ hingegen ist es wörtlich gemeint. Was die Streitenden im Kampf um Troja aßen und tranken, was Odysseus danach auf seiner langen Heimfahrt nach Ithaka von seinen Gastgebern vorgesetzt bekam – es ist alles bei Homer nachzulesen. Sogar das Futter der antiken Streitrösser wird erwähnt; sie wurden *„mit Spelt und gelblicher Gerste genähret"*.

Und auch die Kämpfer nehmen ein ausgiebiges Frühstück vor der Schlacht ein, damit der Magen nicht sein Herz im Stich lässt:

„Denn kein Mann vermöchte den Tag bis zur sinkenden Sonne,
Ungestärkt von Speise, dem Feind entgegen zu kämpfen.
Wenn auch sein mutiges Herz antreibt zum Gefechte,
Dennoch werden gemach die Glieder ihm schwer und es quälet
Hunger zugleich und Durst, und dem Gehenden wanken die Knie.
Aber ein Mann, der mit Weine sich erst und Speise gesättigt,
Ob feindselige Männer den ganzen Tag er bekämpfe,
Bleibt ihm getrost sein Herz in der Brust und nimmer erstarren
Eher die Knie, eh alle zurückziehn aus dem Gefechte."

Das griechische Protokoll bereits weist dem Essen seine besondere Rolle zu. Natürlich nicht, wenn Krethi und Plethi abgefüttert werden. Doch für Armeeführer ist das Diner vor Verhandlungen gang und gäbe. Es findet in einem ausgesuchten Ambiente statt. Das Menü enthält Spezialitäten, ihre Darreichung ist außergewöhnlich. Ein typisches Beispiel für einen solchen protokollarischen Sonderfall bietet der Empfang Achills für eine Delegation, die seine Waffenhilfe erbittet. Sessel und Teppiche schimmern von Purpur bei diesen Bündnis- und Rüstungsverhandlungen. Zum Spießbraten von allerlei Fleisch wird ein stärkerer Wein gereicht, der entgegen sonstigem Brauch weniger mit Wasser verdünnt ist. Als Gastgeber übernimmt Achill eigenhändig die Zubereitung:

„Selbst nun stellt' er die mächtige Bank im Glanze des Feuers,
Legte darauf den Rücken der feisten Zieg und des Schafes,
Legt' auch des Mastschweins Schulter darauf voll blühenden Fettes,
Aber Automedon hielt und es schnitt der edle Achilleus,
Wohl zerstückt' er das Fleisch und steckt' es alles an Spieße.
Mächtige Glut entflammte Menötios' göttlicher Sohn itzt.
Als nun die Loh ausbrannt und des Feuers Blume verwelkt war,
Breitet' er hin die Kohlen und richtete drüber die Spieße,
Sprengte mit heiligem Salz und dreht' auf stützenden Gabeln.
Als er nunmehr es gebraten und hin auf Borde geschüttet,
Teilte Patroklos das Brot in schöngeflochtenen Körben
Rings um den Tisch, und das Fleisch verteilete selbst Achilleus."

Und dann tun Homers Helden das, was sie in der Übersetzung von Johann Heinrich Voß bei ihren antiken Grillpartys stets tun: Sie erheben die Hände zum lecker bereiteten Mahle. In diesem Falle besonders gern: Denn üblicherweise steht bei derartigen Essen nur Rindfleisch auf der Speisekarte. Ehrengästen wird allenfalls das Filet vorgesetzt: vom *„fetten gebratenen Rückgrat"*, wie es einmal in der ›Odyssee‹ heißt. Beim Bankett des Achilleus aber wird neben Ziege und Schaf auch Mastschwein angerichtet, schön fett und gesalzen gar.

Das ist außergewöhnlich. Denn weil es knapp und deshalb teuer ist, daher nicht alltäglich, gilt Salz als heilig. Brot ist als Beilage selbstverständlich, während Gemüse, das in der Bibel eine so große Rolle spielt, nicht erwähnt wird. Gegessen wird direkt vom Bord (Tisch) und mit den Händen. Dass Achill selbst anrichtet und vor allem auch vorlegt, ist eine Auszeichnung für die Gäste. Als Privileg des Hausherrn hat sie sich bis in unsere Tage erhalten.

Üblicherweise ist für die Bedienung der Gäste auch in der Antike das Personal beiderlei Geschlechts zuständig. Von einem Gastmahl bei Menelaos heißt es in der ›Odyssee‹:

„*Aber die Köche gingen ins Haus des göttlichen Königs,*
Führeten Ziegen und Schaf und trugen stärkende Weine.
Ihre Weiber, geschmückt mit Schleiern, brachten Gebackenes.
Also bereiteten sie im hohen Saale die Mahlzeit."

Dass Gebratenes, niemals Gekochtes serviert wird und weder Fisch noch Geflügel in den homerischen Menüs vorkommen, ist mit der Noblesse des Milieus erklärt worden, mit der ein Kochtopf offenbar unvereinbar war. Nebst Gebackenem war aber Obst hoch geschätzt, wohl als Dessert und instinktiv als Vitaminzufuhr. Von der freundlichen Insel der Phäaken, auf die es den göttlichen Dulder auf seiner Odyssee verschlägt, schwärmt Homers Reisebericht:

„*Allda streben die Bäume mit laubichtem Wipfel gen Himmel,*
Voll balsamischer Birnen, Granaten und grüner Oliven,
Oder voll süßer Feigen und rötlich gesprenkelter Äpfel.
Diese tragen beständig und mangeln des lieblichen Obstes
Weder im Sommer noch Winter; vom linden Weste gefächelt,
Blühen die Knospen dort, hier zeitigen schwellende Früchte."

Es fehlt im dramatischen Geschehen der Homer'schen Epen nicht an der Farce, und in ihr dreht es sich um die Wurst. Die Freier um Odysseus' Strohwitwe Penelope fallen wie die Heuschrecken über den Palast des abwesenden und von ihnen für tot gehaltenen Hausherrn her, plündern Küche und Keller und langweilen sich auf die Dauer bei bloßem Fressen und Saufen den lieben langen Tag über. Da kommt ihnen eine Abwechslung gerade recht, für die der Bettler Irion sorgt: *„Ein weitberüchtigter Vielfraß: Immer füllt' er den Bauch mit Essen und Trinken und hatte weder Stärke noch Kraft, so groß auch seine Gestalt war.*" Dieser Irion, futterneidisch auf vermeintliche Konkurrenz, fordert den als Bettler verkleideten Heimkehrer Odysseus zum Faustkampf heraus – zur Freude der Freier, die für den Sieger Würste als Siegespreis ausloben:

„Hier sind Ziegenmagen, mit Fett und Blute gefüllet,
Die wir zum Abendschmaus auf glühende Kohlen geleget,
Wer nun am tapfersten kämpft und seinen Gegner besieget
Dieser wähle sich selbst die beste der bratenden Würste."

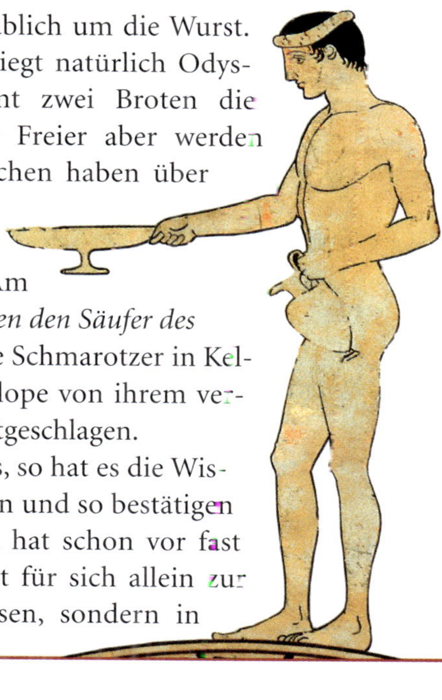

Es geht also buchstäblich um die Wurst. Im ungleichen Kampf siegt natürlich Odysseus. Er erhält mitsamt zwei Broten die umkämpfte Wurst. Die Freier aber werden nicht mehr lange zu lachen haben über das Spektakel, mit dem sie ihre Zeit totzuschlagen gedachten. Am Ende, wenn *„das Verderben den Säufer des Weines trifft*", werden die Schmarotzer in Keller und Küche der Penelope von ihrem verkannten Gatten selber totgeschlagen.

Der Grieche Homers, so hat es die Wissenschaft herausgefunden und so bestätigen es ›Ilias‹ und ›Odyssee‹, hat schon vor fast dreitausend Jahren nicht für sich allein zur bloßen Sättigung gegessen, sondern in

Gesellschaft und nach den Regeln der Zivilisation. Das unterscheidet ihn und seither uns von den Barbaren.

Das Symposion, fälschlich als Gastmahl übersetzt, hat sich allerdings seit den Tagen Platons, als es zum beliebten literarischen Genre wurde, gründlich verändert. Aus dem kultivierten Trinkgelage, bei dem geistvoll philosophische Gedanken im Plauderton ausgetauscht wurden, ist der biederplatte Stammtisch geworden. Aus Platons feucht-fröhlicher Runde aber wurde in einer kuriosen Metamorphose durch falsche Übersetzung unser Symposion, eine in der Regel strohtrockne Podiumsveranstaltung. Bei

ihr wartet man vergeblich auf den antiken Zuruf der Platon'schen Zechbrüder: *„Nun, Freunde – ihr kommt mir so nüchtern vor! Das darf man nicht durchlassen!“*

Gemischtes Fleisch am Spieß wie bei Achill, wenn auch ohne Purpursessel und -teppiche, lässt sich für die Grillparty im häuslichen Garten etwa so bereiten:

Rezept

Stücke von der **Lammschulter, Schweineschulter** und **Nacken** sowie **Rindslende (Rumpsteak)** in passende Würfel schneiden und in (nach eigenem Gutdünken **mit Kräutern gewürztem**) **Olivenöl** marinieren. Das Fleisch (abwechselnd mit **Zwiebelvierteln**, **Stücken von roter Paprika** und Scheiben von **geräuchertem Bauchspeck**) auf Spieße stecken und über der Holzkohlenglut garen. **Salzen (und pfeffern)**.

Essstäbchen, Reisschale und Weinkanne

Zu Tisch im Reich der Mitte

Die Eßstäbchen klapperten an Teller und Schüsseln wie Regentropfen und machten das Abendessen zu einer Angelegenheit voller Leben, obwohl keiner ein Wort sprach.

Lu Hsün, Seife

Mit einem Lob des chinesischen Romans begann am 31. Januar 1827 jenes denkwürdige Tischgespräch Goethes mit Eckermann, in dessen Verlauf der alte Dichter sein berühmtes Wort von der Weltliteratur sprach: „*Nationalliteratur will jetzt nicht viel sagen, die Epoche der Weltliteratur ist an der Zeit*…“ Goethe hatte, wie manche seiner Zeitgenossen, ›Eisherz und Edeljaspis‹ gelesen, die in der Zeit der Ming-Dynastie spielende „Geschichte einer glücklichen Gattenwahl“ aus dem frühen 17. Jahrhundert. „*In diesen Tagen, seit ich Sie nicht gesehen*“, sagt Goethe zu Eckermann, „*habe ich vieles und mancherlei gelesen, besonders auch einen chinesischen Roman, der mich noch beschäftigt und der mir im hohen Grade merkwürdig erscheint.*“ „*Chinesischen Roman?*“, fragt Eckermann. „*Der muß wohl sehr fremdartig aussehen.*“ –

Dinner Party at a Mandarin's House. Stahlstich von G. Paterson nach Thomas Allom, 1843.

„Nicht so sehr, als man glauben sollte", erwidert Goethe. *„Die Menschen denken, handeln und empfinden fast ebenso wie wir, und man fühlt sich sehr bald als ihresgleichen, nur dass bei ihnen alles klarer, reinlicher und sittlicher zugeht."* Es habe viel Ähnlichkeit mit seinem ›Hermann und Dorothea‹.

Derlei Ähnlichkeit wäre Goethe wohl weder bei der Lektüre des später entstandenen Romans ›Der Traum der roten Kammer‹ noch gar im früheren ›Kin Ping Meh‹ aufgefallen. Davon abgesehen: Die Roman-Trias aus der Zeit der späten Ming-Dynastie ist sowohl ein erster Höhepunkt der schon früh entwickelten chinesischen Romankunst als auch ein funkelndes Dreigestirn am Himmel der Weltliteratur, die Goethe in ›Eisherz und Edeljaspis‹ erkannt hat. Dem aus dem späten 16. Jahrhundert stammenden Roman ›Kin Ping Meh‹ wird nachgesagt, aus ihm lasse sich eine ganze Kulturgeschichte Chinas jenes Säkulums ablesen – bis hin zur Ess- und Trinkkultur. Sie spielt in der chinesischen Epik bis in die moderne Klassik eines Lu Hsün im 20. Jahrhundert immer wieder eine selbstverständliche Rolle.

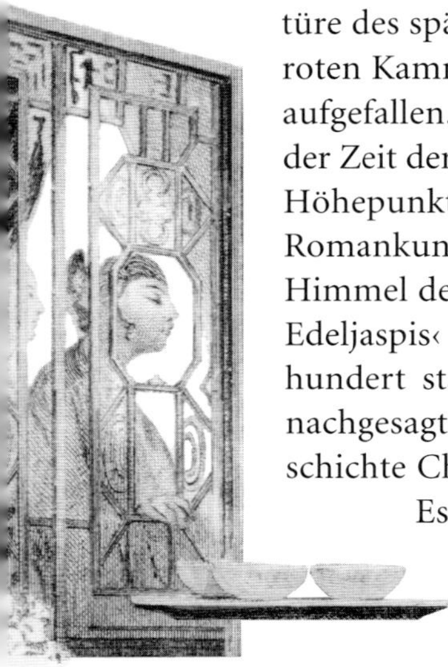

Aus der Literatur Chinas lässt sich ablesen, warum der weltläufige Gourmet mit Recht in der vielfältigen chinesischen Küche bei aller Andersartigkeit den nämlichen angenehmen Gaumenkitzel verspürt wie in der französischen Haute Cuisine. Es kommt nicht von ungefähr, dass im Kanon der „Sechs Begierden" sich die meisten auch auf das Zu-Tische-Gehen beziehen lassen: die lüsternen Blicke der Augen, die Gier der Zunge nach Leckerbissen aus der Küche, die der Nase nach erregenden Düften, das Hinhorchen auf betörende Geräusche, die Hingabe an den momentanen Gedanken und der Aufruhr der Gefühlswelt. Zahlreiche Gastereien im ›Kin Ping Meh‹ laden ein, das zu überprüfen. So, wenn ein Besucher dem Helden

des Romans, dem Wüstling Hsi Men, als Geschenk Delikatessen mitbringt:
„Es waren vierzig große Taschenkrebse, sämtlich sauber ausgeschält. Das Fleisch war in Wein eingelegt worden und war außen umhüllt von Bällchen, zu denen rote Pfefferschoten, Ingwer, Knoblauch zusammengerollt worden waren, und alles hatte man in Sesamöl gebacken und mit Suppenwürze und Essig angerichtet. Duft stieg davon auf. Sie waren locker, knusprig und köstlich schmackhaft. Außerdem waren da noch zwei große gebratene Enten, wie man sie in der Backröhre schmort.“

Bevor die Gastgeschenke aufgetischt werden, wird Wein in kleinen goldenen Bechern gereicht. Das Getränk, höherprozentig als europäischer Wein, wird warm getrunken. *„Bald danach wurden große Teller und Schüsseln aufgetragen, und man verzehrte zunächst den ersten Gang. Erst danach wurden die in Wein eingelegten Taschenkrebse und die beiden Platten Entenbraten aufgetragen.“* Der Wohlgeschmack sei nicht zu beschreiben, so schmackhaft sei alles, weich, knusprig und lecker, bekunden zwei als Koster geforderte Gäste. Die Tafel dauert noch lange fort, wobei viel Wein getrunken wird. Im Nebengemach dürfen sich auch die Frauen an den Köstlichkeiten laben. Das war schon im 14. Jahrhundert so, aus dem der Roman ›Die Räuber vom Liang-Schan-Moor‹ stammt: *„Unter großem Gepränge und bei fröhlicher Tafelmusik feierten gleichzeitig vorn in der Bundeshalle die Männer und hinten die versammelten Häuptlingsfrauen den großen Sieg.“* Neben den vielen kalendarischen Festtagen des Jahres bieten sich zahlreiche familiäre und persönliche Anlässe zu Tafelschwelgereien, wobei oft gesungen und musiziert wird: *„Sie boten das Beste, was es an Stimme und Wohlklang gab. Nach dem ersten Akte schnitt der Koch die Speisen vor und bot sie an: Rostgebratenes Reh, Schweinebraten verschiedener Art, Brühe aus hundert Köstlichkeiten, Reis als Hauptgericht und Suppe.“* Suppe wurde (und wird) in China zuallerletzt serviert. Es gab (und gibt) zahlreiche Gänge (in kleinen Portionen), aus denen der Gast auswählt oder ihm vorgelegt wird. Darunter finden sich gern Überraschungen: *„Dabei war auch ein Teller mit Schnecken in Butter und ein Teller mit dunkelschwarzen Klößen, die in Apfelsinenblätter eingewickelt waren. Der Duft stieg ihm in die Nase. Er kostete. Der Geschmack war sirupartig zart und süß."* Es handelt sich um „Baumerdbeeren im Rock", in einer Masse aus Heilkräutern: *„Sie sind für die Lunge heilsam. Auch üblen Mundgeruch beseitigen sie und lindern Schleimhautentzündungen. Sie dämpfen die Wirkung des Weines und unterdrücken Beschwerden der Übersättigung"*, erklärt Hsi Men. Die Küche Chinas hatte schon früh die Gesundheit im Auge. Und ein leistungsfähiges Ausleben der Sexualität, dem der Roman ›Kin Ping Meh‹ zuvörderst seine Beliebtheit (und in seinem Entstehungsland in den prüden Zeiten maoistischer Herrschaft sein Verbot) verdankt hat. „Die abenteuerliche Geschichte von Hsi Men und seinen sechs Frauen", heißt untertreibend der Untertitel des Romans. Denn *„damit nicht genug, trieb ihn häufig unbändiges Verlangen, außerhalb des Hauses ‚mit den Winden zu tollen, mit dem Mondstrahl zu spielen' und anderer Leute Frauen und Töchter zu verführen. – Mit dem Nachbar westlich, östlich / Froh gezecht an Tafeln köstlich! / Pfirsichblüten, Päonien zart, / Keiner, keiner bleibts erspart!"* Mancher will es auch nicht erspart bleiben, wie der Leser von ›Kin Ping Meh‹ vielfach erfährt. Die Verbindung der stets geilen Goldlotos zum unersättlichen Hsi Men wird über die Teestube von Mutter Wang, einer Kupplerin, bei Tisch angebahnt. *„Wie wärs mit einer Pflaumensuppe?"*, fragte ihn die Wirtin. *„Ausgezeichnet! Aber bitte, reichlich Essig dran"*, erwidert Hsi Men, der es sich schmecken lässt. Aber unter Pflaumensuppe verstehen beide auch das Verkuppeln

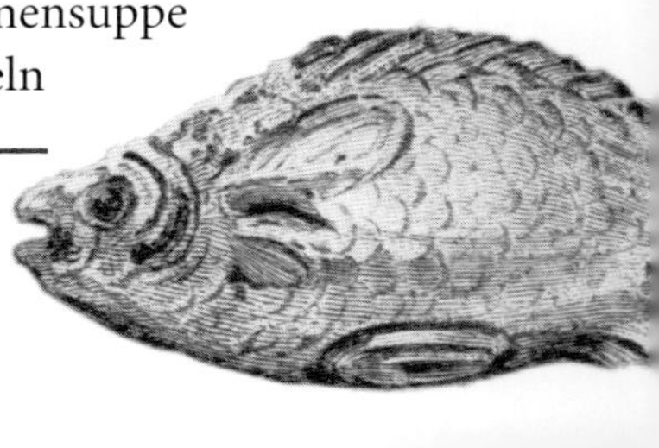

mit Goldlotos. Die beiden werden bei einem Essen – es gibt *„extraguten Wein und einige besonders leckere Dinge"* – *„verstohlene Freuden genießen"*: *„Zu Anfang des Mahls gab es noch etwas Ziererei auf Seiten der Schönen und einiges höfliche Getue auf Seiten des Galans, aber nach der dritten Runde – Mutter Wang war gerade hinausgegangen, um neuen Punsch aufzusetzen – hatte sich die Unterhaltung bereits zwanglos gestaltet..."* Sie wird noch zwangloser bei Tisch. *„Dabei wußte er es einzurichten, daß sein Ärmel eins seiner Eßstäbchen streifte und vom Tisch herabwischte. Und, o Vorsehung, das Stäbchen kollerte gerade unter ihren Rock!"*

Im 20. Jahrhundert hat der Erneuerer der chinesischen Literatur Lu Hsün (1881 bis 1936) ganz selbstverständlich in seiner realistisch-sozialen Erzählkunst vorder- wie hintergründig Speise und Trank einen gewichtigen Part eingeräumt. Die Szene ist ›*In der Weinschenke*‹ (1924):
„‚Eine Kanne Schaohsing. Und dazu zehn Scheiben gebackenen Bohnenkäse mit viel scharfer Pfeffersauce', sagte ich zum Kellner." – ‚Hier ist ihr Wein, Herr', sagte der Kellner gelangweilt und deckte den Tisch mit Schale, Weinkanne, Eßstäbchen und den Schälchen mit den Gerichten. – In etwas schwermütiger Stimmung nippte ich an meiner Schale, und der reine, unverschnittene Wein schmeckte mir. Auch der gebackene Bohnenkäse war ausgezeichnet zubereitet. Welch ein Jammer, daß die Pfeffertunke zu dünn war, aber die Leute in S. hatten nie eine Ahnung vom Würzen gehabt." Bei dieser Betrachtung des Erzählers tritt unvermutet ein Freund aus alten Zeiten ein. Damit er gleich mit ihm essen könne, bestellt der Erzähler Schale und Essstäbchen für seinen Freund und noch zwei Kannen gewärmten Wein, denen später weitere folgen werden – *„Wir hatten früher nie auf Zeremonien Wert gelegt, aber nun wollte jeder dem anderen die Ehre der Speisenwahl überlassen. Schließlich bestellten*

wir vier Gerichte, die der Kellner vorschlug: gewürzte Bohnen, kaltes Fleisch, gebackenen Bohnenkäse und geräucherten Fisch … Der Kellner brachte, was wir bestellt hatten, so daß der Tisch nun ganz voll war.“ Beim Essen und Trinken erzählt der Freund von einem früheren schicksalhaften Essen bei seinem Nachbarn Tschang-fu: „*Er lud mich zu einer Süßspeise ein, einer Art Gelee aus Buchweizenmehl und weißem Zucker. Schon daraus ersiehst du, daß er kein armer Teufel war, sonst hätte er ja keinen weißen Zucker im Hause gehabt, und daß er gut aß. Er redete mir lange zu, so daß ich seine Einladung schließlich nicht mehr ablehnen konnte, doch bat ich, mich nur mit einer kleinen Schüssel zu bewirten, und er sagte mit einem vielsagenden Blick zu Ah Schun, seiner Tochter: ‚Diese Gelehrten haben nicht viel Appetit, also nimm eine kleine Schüssel, aber gib reichlich Zukker dazu!‘ Als das Gericht fertig war und aufgetragen wurde, erschrak ich über die Größe der Schüssel, wenn auch die vor mich hingestellte, verglichen mit der Tchang-fus, klein war. Ich hatte Buchweizengelee noch nie gegessen, fand es aber nicht schmackhaft und viel zu süß. Ich hatte achtlos einige Mundvoll gegessen und wollte gerade aufhören, als mein Blick auf Ah Schun fiel, die in der Ecke stand. Ich brachte nicht den Mut auf, Schüssel und Eßstäbchen wegzutun, als ich die Furcht und Hoffnung sah, die ihr Gesicht ausdrückte, Furcht, sie könnte das Gericht nicht anständig zubereitet haben, und Hoffnung, daß es uns schmekken werde.*“ Dieser Furcht und Hoffnung halber würgt der Freund die volle Schüssel mit anschließendem Magengrimmen in sich hinein. Zwei Jahre später, so erzählt der Freund, will er Ah Schun im Auftrag seiner Mutter eine Kunstblume bringen, aber das Mädchen ist gestorben. Lu Hsüns Erzählung endet: „*Der Kellner brachte die Rechnung und reichte sie mir. Lü Wefu, mein Freund, war nun nicht mehr zeremoniös wie am Anfang. Er warf nur einen Blick auf mich, paffte an seiner Zigarette und ließ mich die Rechnung begleichen.*“

Selber ein chinesisches Menü anzurichten, kann allenfalls zu einem Annäherungsversuch führen. Das folgende Rezept kann aber dem mitteleuropäischen Schlemmer einen Hauch fernöstlicher Küche vermitteln.

Rezept

Eine Tasse guten Langkorn-Reis mit so viel kaltem Wasser (ohne Salz!) bedecken, dass die flach auf den Reis gelegte Hand bedeckt ist. Im offenen Topf bei großem Feuer kochen, bis das Wasser fast verdampft ist. Sodann auf kleinem Feuer 20 Minuten in geschlossenem Topf ziehen lassen. Nach 24 Stunden wird der Reis gebraten. Zuvor werden **75 Gramm fein geschnetzeltes Rinderfilet** 15 Minuten lang in einer Mischung aus je einem **Esslöffel Sojasauce und Öl**, gewürzt mit je **einer Prise Pfeffer, Zucker, Knoblauchpulver und einem halben Teelöffel Salz** mariniert. Nun werden in einer schweren Pfanne **zwei in feine Streifen geschnittene Peperoni, mit Salz, Pfeffer und Ingwerpulver gewürzt**, eine Minute lang in heißem Öl gebraten. Darin wird der 24 Stunden zuvor gekochte Reis erhitzt. Die Mitte der Pfanne wird freigemacht, um **100 Gramm gekochten Schinken und 50 Gramm Speck**, beides in kleine Würfel geschnitten, sowie **eine fein gehackte Schalotte** anzubraten und dann mit dem Reis zu vermengen. In die wieder freizumachende Pfannenmitte wird das zuvor marinierte Rindergeschnetzelte mit **zwei Esslöffeln gezupfter Petersilie** getan, angebraten und danach mit dem Reis vermengt. Ein letztes Mal wird sodann die Pfannenmitte freigemacht für **drei geschlagene Eier**. Wenn sie zu stocken beginnen, werden auch sie unter den Reis gemischt.

Vor dem Servieren wird über den gebratenen Schlemmerreis (für zwei Personen) **ein Esslöffel Sojasauce** gegeben.

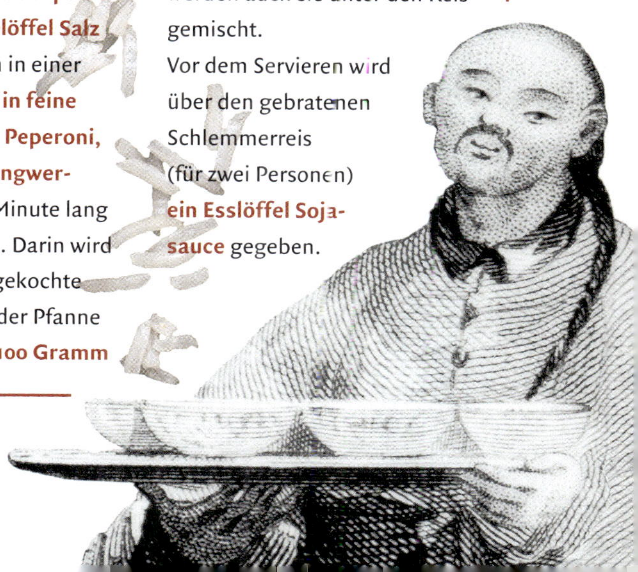

Das Tischgespräch

Wenn Worte würzen

„Du kennst meine schwache Seite, Lammbraten, er hat so viel Alttestamentarisches, so was Ur- und Erzväterliches.“
Und dabei nahm er Platz und band sich die Serviette vor.

Theodor Fontane, Der Stechlin

Die homerischen Helden werden bei ihren Mahlzeiten kaum geschwiegen haben. Zu vermuten ist, dass sie sich gegenseitig von ihren Kriegstaten vorflunkerten. Die Ur- und Erzform manierlichen Tischgesprächs wäre wohl eher in biblischer Zeit zu finden. Es wurde friedlich erzählt, wenn die Hirten auf dem Felde sich ums Feuer versammelten, über dem die Lammkeule fürs gemeinsame Mahl briet. So manche Geschichte im Alten Testament mag hier ihren Ursprung haben oder weitererzählt worden sein. Als es dann gedeckte Tische gab, an denen man aß, gehörte die Plauderei bei Tisch einfach zur Esskultur. So in Florenz, dem frühen Zentrum hoch entwickelter europäischer Zivilisation. Aus der Mitte des 14. Jahrhunderts ist uns von der Literatur diese Szene überliefert: „*Die gute Zubereitung und Anordnung der Mahlzeit erheiterte jeden, gefällige Scherze und gemeinsame Heiterkeit würzten die Gerichte.*“

Beim perlenden Sekt.
Lichtdruck nach Gemälde
von Hans Lassen, um 1885.

So in Giovanni Boccaccios ›Dekameron‹. Den unübertroffenen Gipfel des literarischen Tischgesprächs aber findet der Leser im Werk Theodor Fontanes. In seinem letzten Roman ›Der Stechlin‹ unterliegt der Titelheld in einer Reichstagswahl, worüber aber, als man sich anschließend zum Essen begibt, weder er noch seine Standesgenossen und Parteigänger verstimmt sind, „*von denen eigentlich jeder dachte: Siegen ist gut, aber zu-Tisch-gehen ist noch besser*". Denn bei Fontane bedeutet dieses Zu-Tisch-Gehen den eigentlichen Bedürfnissen des Menschen gerecht zu werden, nämlich dem leiblichen wie dem geistigen Wohle gleichermaßen harmonisch Genüge zu tun. Voraussetzung ist ein superbes Diner als Ausgangspunkt für ein ihm entsprechendes Tischgespräch. Es erfährt seinen tiefsten Sinn, wenn es sich thematisch dem Essen selbst zuwendet. Je vortrefflicher das Mahl, desto förderlicher für des Gedankens Flug und Witz. Die geistige Würze des Tischgesprächs steigert und erhöht den Geschmack der Speisen.

So beim Diner, das die Stiftsvorsteherin Adelheid von Stechlin ihrem Neffen und seinen beiden Freunden gibt. Der Suppe folgt, wie es sich gehört, ein Fisch, diesem als Zwischengericht ein Linsenpüree mit gebackenem Schinken und dann, als Hauptgang, gespickte Rebhuhnflügel, das Küchengeheimnis der Hausherrin. Dabei kommt es zum Gespräch zwischen dem Hauptmann von Czako und seiner Tischdame. Das quicke Stiftsfräulein fragt ihn, was er vorziehe, Krammetsvögelbrüste, die es am Vortage beim Baron Dubslav Stechlin gegeben hatte, oder Rebhuhnflügel. Die pikante Sauce und ein Seitenblick auf die schöne Büste seiner rundlichen Tischdame führen den sonst wohl eher schlichten Hauptmann mit seiner Antwort geistig auf die Höhe der Situation:
„*In Brust und Flügel schlummert, wie mir scheinen will, ein großartiger Gegensatz von hüben und drüben; es gibt nichts*

Diesseitigeres als Brust, und es gibt nichts Jenseitigeres als Flügel. Der Flügel trägt uns, erhebt uns. Und deshalb, trotz aller nach der andern Seite hin liegenden Verlockung, möchte ich alles, was Flügel heißt, doch höher stellen."

Ein Hauch erotischer Verspieltheit liegt über dem Gespräch. Die Sinne sind so angeregt, dass der Hauptmann noch Kaskaden von Geist und Witz bei der Lektüre der Weinetiketts versprüht. Der sinnliche Genuss der Mahlzeit und der des Gesprächs steigern sich gegenseitig und erhöhen sich wechselseitig. Das zu erreichen, erfordert allerdings jene elegante Eloquenz, wie sie Fontane seinem Gymnasialprofessor Wilibald Schmidt, dem alten Freund von Frau Jenny Treibel, zuschreibt, als dieser bei einem Herrenessen – es gibt Oderkrebse – ein kulinarisches Problem sowohl ins Existenzielle überhöht als auch seine Lösung dialektisch bewältigt:
„*Ein eigen Ding, daß man aus Fragen der Art nie herauswächst, sie wechseln bloß ab im Leben. Ist man jung, so heißt es ‚hübsch oder häßlich', ‚brünett oder blond', und liegt dergleichen hinter einem, so steht man vor der vielleicht wichtigeren Frage ‚Hummer oder Krebse'.*" Jedermann, so der preußische Philologe, sei auf den ersten Anlauf für Hummer, schon weil er sich auf Kaiser Wilhelm berufen könne; aber so schnell erledige sich das nicht. Denn: „*Natürlich, wenn solch ein Hummer aufgeschnitten vor einem liegt und der wundervolle rote Rogen, ein Bild des Segens und der Fruchtbarkeit, einem zu allem anderen auch noch die Gewißheit gibt, ‚es wird immer Hummer geben', auch nach Äonen noch … werden sich Menschenkinder dieser Himmelsgabe freuen – ja, Freunde, wenn man sich mit diesem Gefühl*

des Unendlichen durchdringt, so kommt das darin liegende Humanitäre dem Hummer und unserer Stellung zu ihm unzweifelhaft zugute.“

Woraus Fontane seinen Wilibald Schmidt leichten Tones ein gewichtiges Lebensbekenntnis schließen lässt:
„Denn jede philanthropische Regung, weshalb man die Philanthropie schon aus Selbstsucht kultivieren sollte, bedeutet die Mehrung eines gesunden und zugleich verfeinerten Appetits. Alles Gute hat seinen Lohn in sich, soviel ist unbestreitbar.“

Der Genuss der Krebse lässt durch das Entfernen ihrer Panzer dem Tischgespräch Raum. So kommt Schmidt über den Hummer schließlich auf das, was die Schüssel füllt und die Gaumen mit Vorfreude erfüllt:
„Gewiß, dem Krebse fehlt dies und das, e r hat sozusagen nicht das ‚Maß‘, was in einem Militärstaat wie Preußen immerhin etwas bedeutet, aber demohnerachtet, auch e r darf sagen: ich habe nicht umsonst gelebt. Und wenn er dann, er, der Krebs, in Petersilienbutter geschwenkt, im allerappetitlichsten Reize vor uns hintritt, so hat er Momente wirklicher Überlegenheit, vor allem auch darin, daß sein Bestes nicht eigentlich gegessen, sondern geschlürft, gesogen wird. Und daß gerade das, in der Welt des Genusses, seine besonderen Meriten hat, wer wollte das bestreiten? Es ist, sozusagen, das natürlich Gegebene. Wir haben da in erster Reihe den Säugling, für den saugen zugleich leben heißt. Aber auch in den höheren Semestern …“

An diesem Punkt wird Professor Schmidt leider von seinem Tischgast und Kollegen Distelkamp unterbrochen: *„Mir ist nur immer merkwürdig, daß du neben Homer und Schliemann mit solcher Vorliebe Kochbuchliches behandelst, reine Menufragen …“*

Distelkamp unterschätzt die Bedeutung von Menüfragen. Sie können Lebensfragen sein. Für Theodor Fontane waren

Tischgespräche nicht nur Teile der Causerien, welche die Handlung seiner Romane dominieren. Es war ihm ganz ernst mit dem Wort, dass Essen und Trinken Leib und Seele zusammenhalten. In einem Brief an seinen Dichterkollegen Theodor Storm schreibt er einmal:

„Es ist wunderbar, in wie nahen Beziehungen Menschenglück und Putenbraten zueinander stehen und welche Püffe das Herz verträgt, wenn man jeden Schlag mit einer Flasche Marcobrunner parieren kann."

Rezept

Das Linsenpüree nach Stiftsdamenart läßt sich so zubereiten:
250 Gramm feinste Linsen werden mit **einer Karotte**, **einem Stück Sellerie** und **einer kleinen Lauchstange** – alles klein gewürfelt – in reichlich Wasser etwa eine Stunde lang gar geköchelt. Ab und zu ist zu prüfen, ob Wasser nachzugießen ist. **Salzen und pfeffern**; durch ein Passiersieb streichen, **etwas Sahne** zugeben und mit **einem Stück Butter** verfeinern. Dazu **eine Scheibe gebackenen Schinken** geben.

Küchenmeisters theatralische Sendung

Speise und Trank
in der Dramaturgie der Bühne

Biß das Essen fertig wird, wollen wir eins trinken.

Goethe, Götz von Berlichingen mit der eisernen Hand

Es klingt wie ein Kochrezept, das Goethe im ›Vorspiel auf dem Theater‹ zum ›Faust‹ den Direktor im Gespräch mit dem Theaterdichter und der Lustigen Person sagen lässt: „*Gebt Ihr ein Stück, so gebt es gleich in Stükken! / Solch ein Ragout, es muß doch glücken; / Leicht ist es vorgelegt, so leicht als ausgedacht.*“ In seiner dramatisierten ›Geschichte Gottfriedens von Berlichingen mit der eisernen Hand‹ rollt eine bunte Folge von Bildern aus dem 16. Jahrhunderts ab, in denen geliebt und gehasst, geküsst und

Wolfgang Amadeus Mozart, Don Giovanni. Die Erscheinung des Steinernen Gastes (2. Akt, 11. Szene). Farblithographie, um 1885. Sammelbildchen der Compagnie Liebig.

getötet, vertraut und verraten und, nicht zuletzt, oft gegessen und getrunken wird. Eine zweite Fassung, die der junge Goethe auf Rat Herders bühnentauglich in ein geglücktes Ragout zusammengekocht hat, wird programmatisch mit dem Satz eröffnet: „*Hänsel, noch ein Glas Brandtewein, und meß christlich.*" In vielen seiner Teile wird die Szene geprägt von dem, was Küche und Keller hergeben. Es wird wacker gezecht, und stets ist man besorgt, was auf den Tisch kommt. Aus triftigem Grund: „*Essen und Trinken meyn ich, ist des Menschen Leben*", lässt sich der kluge Bruder Martin vernehmen und erläutert: „*Wenn ihr gessen und trunken habt, seyd ihr wie neu gebohren. Seyd stärker, muthiger, geschickter zu eurem Geschäft. Der Wein erfreut des Menschen Herz, und die Freudigkeit ist die Mutter aller Tugenden. Wenn ihr Wein getrunken habt, seyd ihr alles doppelt, was ihr seyn sollt, noch einmal so leicht denkend, noch einmal so unternehmend, noch einmal so schnell ausführend.*" Die Bühne ist für den jungen Dramatiker und Klassiker in spe aber nicht nur moralische Anstalt, um auf ihr seine zwischen Straßburg und Sesenheim frisch erworbenen und erprobten Lebensweisheiten zu perorieren. Er wird auch kulinarisch ganz konkret, wenn er den Bruder Martin von einem Klostergarten schwärmen lässt: „*Fürstlicher Salat! Kohl nach Herzens Lust! Und besonders Blumenkohl und Artischocken, wie keine in Europa!*" Das Schloss des Berlichingen in Jagsthausen hat im Herd ein Epizentrum, das im Kleinen wie im Großen wirkt. „*Die Mutter ist in der Küch?*", fragt der Ritter Götz sein Söhngen Carl und der antwortet: „*Ja Papa! Sie kocht weise Rüben und ein Lammsbraten.*" – „*Weißt du's auch, Hanns Küchenmeister?*", neckt der Vater den Sohn. Und dieser: „*Und vor mich zum Nachtisch, hat die Tante einen Apfel gebraten.*" Der anschließende Wortwechsel löst sich nicht im Konsens auf, da pädagogisches gegen kochbuchliches Argument steht: „*Kannst du sie nicht roh essen?" – „Schmeckt so besser." – „Du mußt immer was apartes haben."* Als später dann Sohn Carl ruft: *„Zu Tisch Papa"*, quittiert Götz gemütlich: *„Fröhliche Botschaft!"* Alle diese kochtopfbezogenen Feinheiten des Stücks sind im literarischen Bewusstsein der Nachwelt vom sprichwörtlich gewordenen Gruß des Ritters mit der eisernen Hand verdrängt worden, den er einem Parlamentär entbietet: *„Sag deinem Hauptmann: Vor Ihro Kayserliche Majestät, hab ich, wie immer schuldigen Respect. Er aber, sags ihm, er kann mich im Arsch lecken."* Doch damit beginnt die Belagerung von Schloss Berlichingen, und sie findet nicht von ungefähr den Ritter und seine Frau Elisabeth in der Küche. Die Frau ist besorgt: *„Mit dem Wein sind wir auch schon auf der Neige."* Und als sich die Schlossbesatzung bald darauf im Saal zum gemeinsamen Mahle versammelt, erweist sich, dass Frau Elisabeths Sorge nur allzu berechtigt war. *„Laßts euch schmecken meine Freunde!"*, animiert Götz die Tafelrunde. Und: *„Vergeßt das trinken nicht. Die Flasche ist leer. Noch eine, liebe Frau."* Doch Elisabeth kann nur die Achsel zucken. Am Ende kündigt sich Götzens Tod im Turm zu Heilbronn unverkennbar an, als der Kraftmensch die Nahrungsaufnahme verweigert. *„Willst du nicht was essen?"*, fragt ihn Elisabeth. Sie weiß Bescheid, als er nur still erwidert: *„Nichts meine Frau."* Gleich darauf ist Götz von Berlichingen tot.

Das Trinken und zumal das Essen auf der Bühne, versteht sich, wären höchst problematisch, verstünden sich die Akteure nicht auf das Markieren. So zu tun, als äße man, gerät immer dann zur Herausforderung für den Darsteller, wenn er ein Mit-vollem-Munde-Artikulieren zu markieren hat. Gelingt das bei entsprechendem Text, ist der Effekt unvergleichlich komisch. Vierzehn Jahre nach Goethes ›Götz‹ entstand Mozarts ›Don Giovanni‹ mit dem Libretto von Lorenzo Da Ponte. Das als Dramma giocoso bezeichnete Werk wird jokös, ja urkomisch mit der Eröffnung des Finales, das dann im Höllensturz des Libertins endet. „*Già la mensa è preparata*", das Mahl sei bereitet und Leporello solle nun die Speisen auftragen, fordert Don Giovanni. Er macht sich über das Aufgetragene her, preist Küche und Koch und beobachtet schadenfroh, wie seinem hungrigen Diener das Wasser im Munde zusammenläuft: „*Nel veder i mier bocconi, gli par proprio di svenir.*" Leporello kann seinen Appetit nicht länger zügeln und stibitzt ein Stück Fasan: „*Questo pezzo di fagiano, piano piano – vo' inghiottir.*" Natürlich bemerkt das sein Herr und fordert ihn auf, zu reden: „*Parla schietto, mascalzone.*" Der Diener muss, mit vollem Munde, allerlei Vorwände vorbringen, warum er nicht antworten und auch nicht pfeifen kann, wie es Don Giovanni verlangt, bis er am Ende den wahren Grund nennt, Don Giovannis exzellenten Koch und sein Werk (den Fasan): „*Si eccelente è il vostro cuoco, che lo volli anch'io provar.*" Dann aber erweist sich, dass es nicht Leporello war, der mit dem Fasan den Mund zu voll genommen hat. Es war Don Giovanni mit seiner Einladung an den Komtur, den steinernen Gast, die ihm nun im Halse stecken bleibt. Sein Ende ist auch das des Dramma giocoso.

Als Lustspiel lebt die Verwechslung der Identitäten in Heinrich von Kleists ›Amphitryon‹ von der Figur des verfressenen Dieners Sosias. Die ans Tragische grenzende Irreführung des Amphitryon durch Jupiter erfährt ihre komische Wiederholung, einen Kontrapunkt, wenn Sosias sich durch Merkur „entsosiatisiert" sieht. Der Verlust seiner Identität wird ihm schmerzlich bewusst, wenn sein Magen knurrt und es buchstäblich um die Wurst im

Kohl geht, die seinem Ich unerreichbar bleiben. Denn auch den dampfenden Teller macht ihm, in seiner ihm geraubten Sosias-Gestalt, Jupiters Götterbote in jeder Weise streitig, selbst da, wo der verwirrte Diener sich in Frage stellt: „*So dulde mich als deinen Schatten mindstens, / Der hintern Stuhl entlang fällt, wo du ißt.*" Doch Merkur als falscher Sosias weiß den rechten Sosias zu peinigen, wenn er unerbittlich bleibt: „*Wurst gibt es heut und aufgewärmten Kohl. / Und die just brauch ich, um mich herzustellen.*" Als alles Flehen um Teilhabe nichts nutzt, verzweifelt Sosias: „*Vor mir freßt euren Kohl, daß ihr dran stikkt. / Was brauch ich eure Würste? Wer den Vögeln / Im Himmel Speisung reicht, wird auch, so denk ich, / Den alten, ehrlichen Sosias speisen.*" Doch der entgangene Kohl wird Sosias von nun an nicht mehr aus dem Sinn kommen, der Gedanke an ihn nährt im Selbstgespräch seine Reue gegenüber seinem Herrn Amphitryon: „*Geh! Dir geschieht ganz recht. Abtrünniger, / Und hätt ich Würst in jeder Hand hier eine, / Ich wollte sie in meinen Mund nicht stecken, / So seinen armen, wackern Herrn verlassen, / Den Übermacht aus seinem Hause stieß.*" Das entgangene Essen lässt ihn für seinen Herrn zeugen: „*Vom aufgetragnen Essen / Nicht auch den Geruch hat man mir gegönnt ... / Ja, ihr Bürger Thebens! Hier ist der wirkliche Amphitryon; / Und jener, der bei Tische sitzt, / Ist wert, daß ihn die Raben selber fressen. / Auf! Stürmt das Haus jetzt, wenn ihr wollt so gut sein, / So finden wir den Kohl noch warm.*"

Im ›Amphitryon‹ sind Sosias wie Merkur, der in des Dieners Identität schlüpft, auf den Kochtopf mit dem Kohl und der Wurst fixiert. Kleist gibt in seinem anderen großen Lustspiel ›Der zerbrochene Krug‹ Essen und Trinken eine andere, eine eigene dramaturgische Bedeutung. Gleich im zweiten Auftritt erfährt das Publikum aus dem Munde des Dorfrichters Adam von dessen Gourmandise und wie sich diese in seinen amtlichen Wirkungsraum erstreckt. Er befiehlt den Mägden: „*Fort! sag ich / Kuhkäse, Schinken, Butter, Würste, Flaschen / Aus der Registratur geschafft! Und flink!*" Denn es naht zur Revision der Gerichtsrat Walter aus Utrecht. Noch lange bleiben die Viktualien aus der Registratur verborgen. Sie werden als taktische Waffen dienen, wenn der Dorfrichter Adam und der Gerichtsrat Walter sie gegeneinander einsetzen. Erst im zehnten Auftritt geht Walter auf das wiederholte Anerbieten Adams zur Bewirtung ein. Er will Zeit gewinnen: „*Herr Richter Adam, wißt Ihr was? / Gebt ein Glas Wein mir in der Zwischenzeit.*" Aber auch Adam sieht eine Chance, in dem für ihn noch auf der Kippe stehenden Verfahren mit einem opulenten Frühstück eine Wende herbeizuführen: „*Ihr macht mich glücklich, gnädger Herr.*" Und welcher Wein soll es sein? Franz? Oder Rhein? „*Von unserm Rhein*", bittet Walter. Adam befiehlt nebst „*vom versiegelten*" auch „*Butter, frisch gestampft, Käs auch aus Limburg, und von der fetten pommerschen Räuchergans*". Walters Verdacht wächst, als er merkt, dass der Dorfrichter unter der Hand die Zeugen entfernen will. Er fordert von Adam: „*Macht fort. Doch nichts zum Imbiß, bitt ich / Als ein Stück trocknen Brotes nur und Salz.*" Adam trachtet, Zeit zu gewinnen: „*Ach, trocknes Brot! Was! Salz! Geht doch.*" Denn: „*Ein Stück Käs aus Limburg mindstens. – Käse / Macht erst geschickt die Zunge, Wein zu schmecken.*" Adam lässt den Tisch decken, mit Damast: „*Das ist der Vorteil / Von uns verrufnen hagestolzen Leuten, / Daß wir, was andre knapp und kummervoll / Mit Weib und Kindern täglich teilen müssen, / Mit einem Freunde zur gelegnen Stunde / Vollauf genießen.*" Das Mahl dient indessen nicht nur dem Dorfrichter zur Verzögerung im für ihn gefährlichen Verfahren: „*Hier von dem fetten jetzt – kann ich – ?*" Auch der Gerichtsrat – „*Ein Stückchen. Aus Limburg?*" – nutzt die kulinarische Plauderei, um unter der Hand den Dorfrichter ein bisschen zu verhören und als Weinkenner auf die Probe zu stellen: „*Niersteiner? – Oder guter Oppenheimer?*“ Walters Fragen richten sich mal auf das anhängige Verfahren um Frau Marthe Rulls zerbrochenen Krug, mal auf das, was ihm Adams Weinkeller bietet. „*Nierstein. Sieh da! Auf Ehre! Ihr verstehts. Aus Nierstein, gnädger Herr, als hätt ich ihn geholt*“, erwidert der überraschte Dorfrichter. „*Ich prüft ihn, vor drei Jahren, an der Kelter*“, pariert trocken der Gerichtsrat. Die Sätze, die mal dem anhängigen Kasus gelten, mal dem, was aufgetischt ist, verschränken sich zusehends. In die daraus entstehende Enge wird der schuldige Dorfrichter Adam immer mehr getrieben. Gerichtsrat Walter fragt den Zeugen Ruprecht noch bei Tisch: „*Wie oft traf er dem Sünder denn den Kopf?*“ Statt Ruprecht nimmt Adam das Wort: „*Eins ist der Herr; Zwei ist das finstre Chaos; / Drei ist die Welt. Drei Gläser lob ich mir. / Im dritten trinkt man mit den Tropfen Sonnen, / Und Firmamente mit den übrigen.*“ Und dann gibt es doch wieder einen Moment, in dem sich das Blatt zugunsten Adams zu wenden scheint, als Frau Marthe scheinbar zu seinen Gunsten aussagt. Nun ist Walter verwirrt und sucht Klarheit im Wein: „*Schenkt ein, Herr Richter Adam, seid so gut./ Schenkt gleich mir ein. Wir wollen eins noch trinken.*“ Dient der Niersteiner der Wahrheitsfindung? Dass im Wein Wahrheit sei, wird durch das Gabelfrühstück im Dorfgericht zu Huisum weder bestätigt noch widerlegt. Doch erweist es sich als geeignete Grundlage für einen dialektisch geführten Bühnendialog, der auf die Handlung mal retardierend, mal beschleunigend wirkt – und auf ein sensibles Publikum appetitanregend.

Man kann das nicht von allen Mahlzeiten sagen, die auf der Bühne serviert werden, aber das hat Henrik Ibsen wohl auch nicht gewollt. Als sein Peer Gynt im Trollreich um die Hand der Königstochter und das halbe Reich wirbt, muss er eine Reihe von Bedingungen erfüllen. Die nicht geringste ist, „die inländische Lebensart“ anzunehmen, will heißen, das zu essen und zu trinken, was bei den Trollen auf den Tisch kommt: „*Bei uns gibt es nichts Fremdes! / Unsre Kuchen scheißt die Kuh, / Der Bulle pißt den Wein dazu! / Frag nicht, ob's süß oder sauer schmeckt; / Die Hauptsach' ist, daß Du nie vergißt, / Daß alles bei uns hausgemacht ist.*" Peer Gynt bezwingt sich um des Lohnes willen, der ihm winkt, muss aber gleichwohl ob solcher Hausmannskost spucken. Diese Szene in Ibsens dramatischem Gedicht eröffnet der Regie alle Möglichkeiten, den Theaterbesucher wie Peer Gynt reagieren zu lassen – oder nicht.

Im Theater des 20. Jahrhunderts haben Essen und Trinken vielfältige dramaturgische Funktionen wahrgenommen. In George Taboris Stück von 1994 ›Die Ballade vom Wiener Schnitzel‹ hat das viel gerühmte gebratene Stück Kalb eine tragende Rolle. Nicht nur im ersten Akt, der in einem kleinen Restaurant im Ersten Bezirk Wiens spielt: „*... Ihr Wiener Schnitzel ist nicht von dieser Welt, ich bald auch nicht mehr. Begrabt mich am Inn mit einem Schnitzel mir zur Seite*", sondern auch im fünften Akt, der auf dem Friedhof endet, als kaltes Schnitzel auf Butterbrot. Ein Hiobsmythos unserer Zeit im Zeichen eines weltweit bekannten lokalen Rezepts, das der Fürst Radetzky Mitte des 19. Jahrhunderts aus der Lombardei in die K. K.-Hauptstadt als Beutegut mitbrachte.

PS: Das landläufige, selbst in Wien unter dieser Bezeichnung anzutreffende Wiener Schnitzel ist so häufig eine Fälschung, dass das echte Wiener Schnitzel eine Seltenheit darstellt und seine reale Existenz legendär genannt zu werden verdient, sogar in Wien. Als Fälschung zu entlarven ist das Corpus Delicti, wenn es vom Schwein stammt. Doch genügt zu seiner Echtheit nicht, dass es von irgendeiner Stelle des Kalbs geschnitten ist. Hier ist das Rezept für das echte Wiener Schnitzel, wie es vom Fürsten Radetzky mitgebracht sein könnte:

Die zart geklopfte Scheibe mit **Salz** und **Pfeffer** würzen, mehlen, durch **geschlagenes Ei** ziehen und in fein geriebenen **Semmelbröseln** wälzen. Die Panade leicht andrücken. Das so panierte Schnitzel in **Schweineschmalz** ca. fünf bis sechs Minuten auf beiden Seiten knusprig braten. Das Fett abtropfen lassen und das Schnitzel mit einer **Zitronenscheibe** belegen und etwas **gehackte Petersilie** darüber streuen.

Rezept

Das ca. 150 Gramm wiegende, quer zur Faser dünn geschnittene **Schnitzel** soll **aus der Nuss oder der Oberschale eines mit Milch gemästeten Kalbes** von bester Qualität stammen. Panieren unmittelbar vor dem Garen:

Völlerei – Realität und Utopie

Im Lande der Schlaraffen

Um das ganze Land herum ist aber eine berghohe Mauer von Reisbrei. Wer hinein will, muß sich da erst überzwerg durchfressen.

Ludwig Bechstein, Das Märchen vom Schlaraffenland

Die ungezügelte, die gierige Lust am Essen und Trinken, das hemmungslose Vollschlagen des Bauches sind Antwort des Menschen auf Mangel und Entbehrung, auf Hunger und Durst und die Angst vor derlei Not. Doch kann Völlerei auch zu verstehen sein als Selbstvergewisserung, als Ausweis körperlichen Leistungsvermögens. Nicht von ungefähr sind die Personen im Werk des

Das Schlaraffenland. Schulwandbild. Farblithographie nach Paul Hey. Aus der Serie: Meinholds Märchenbilder. Dresden o. J. (um 1907).

François Rabelais von riesenhafter Gestalt; denn in ›Gargantua und Pantagruel‹ wird auf schier beängstigende Art gefressen und gesoffen. Und folgerichtig auch so verdaut. Kaum erwacht, lebt Gargantua die einschlägigen körperlichen Funktionen aus:

„Nachgehends schiß er, pißt' er, kotzt' er, rülpst' er, farzt' er, gähnt' er, spie er, hustet', räuspert', niest' und rotzt' er wie ein Archidiakonus und frühstückt', den bösen Tau und Nebel zu legen, schöne Karbonädel, schöne Schinken, leckere Rebhuhntunken und Frühsuppen vollauf."

Von nichts kommt nichts. Alsbald geht Gargantua zum Mittagessen über: *„... weil er phlegmatischer Natur war, fing er seine Mahlzeit mit etlichen Dutzend Schinken, geräucherten Ochsenzungen, Blunzen, Würsten und anderen, dergleichen Wein-Fourieren und -Fürtrab an."*

Und säuft weiter, wenn er mit dem Essen aufhört, weil's ihm den Bauch spannt, denn *„im Trinken hält er kein Maß noch Regel"*. Große Esser sind in der Regel auch starke Trinker. Rabelais lässt seine Helden in unmäßiger Fülle und auf jede Weise schwelgen. Der Mann aus der Touraine, dem Garten Frankreichs, hat auf vielen Seiten seines Romans das Füllhorn seiner Heimat gepriesen wie die Totalität der großen Gelage überliefert, die in der ersten Hälfte des 16. Jahrhunderts kulinarisches Leitbild waren. Noch aus seiner Überzeichnung kann man ablesen, was üblicherweise zum Essen und Trinken zu Gebote stand oder stehen konnte. Für „magere Fastentage" nennt das Buch allein als Entree und Beschluss eines Essens:

Caviar und Anchovis, Thunfleisch, frische Butter, Erbsbrei, Spinat, weißen Vollhering, Bückling, Sardellen, Öl-Kohl, Bohnensuppe, gesalzenen Salm, Austern in Schalen, Salat, hundert Varietäten von Kresse, Hopfenkeimen, Bischofshödeln (?), Rapunzeln, Judasohren (eine Art von Schwämmen an Fliederbäumen), Spargel, Geißblatt. Und dazu, versteht sich, „*Rebensäftl*". Zu guter Letzt gibt es noch Reis, Hirse, Grütze, Graupenschleim, Prunellen, Butterschnee, Pistazien, Pimpernüsse, Feigen, Mandelbutter, Zuckerwurzeln, Polenta, Datteln, Haselnüsse, Pastinaken, Artischocken. Man fragt sich allenfalls, wie der Graupenschleim in diese Aufzählung geraten ist. Zwischendurch aber wird, damit es nicht zu trocken hergeht, immer wieder *„unablässige Kehl-Schwemm"* gereicht.

Wo und wie hält solche Völlerei, gar noch in den Fasten, die Waage zwischen Quantität und Qualität? Karikierte Rabelais nur die höfische Esskultur seiner Zeit? Oder waren die gargantuanischen Fresser und Säufer Kraftmeier? Oder aber war ihr Dicksein weniger physiologisch begründet denn Weltanschauung, wie Kurt Tucholsky, selber kein Diätfreund oder gar Hungerleider, es einmal gemeint hat? Die Literatur lässt die tieferen Gründe für die Fettschwarten ihrer Dickwänste oft im Dunkel.

Als Nachweis roher körperlicher Leistungsfähigkeit diente reine Gefräßigkeit bei den Germanen. Ihre Göttersagen lassen dafür eine unschöne Gesinnung erkennen, die man in der klassischen Antike vergeblich suchen würde:
„Loki war hungrig wie ein Wolf und sagte: ‚Hier im Saal sitzt niemand, der so schnell essen kann wie ich.'" Das provoziert ein Wettfressen: *„Dann wurde ein großer Holztrog hereingetragen, auf den Boden der Halle gesetzt und mit Frischgeschlachtetem gefüllt. Loki aß von einem Ende des Troges, Logi vom anderen. Jeder schlang so rasch er konnte."*

Alles andere als solchermaßen barbarisch, eher wie in der Bilderwelt des Bauern-Breughel, geht es im flämischen Nationalepos des Charles de Coster zu. Der Roman vom Befreiungskampf der spanischen Niederlande schildert ›Ulenspegel und Lamme Goedzak‹ als politische wie kulinarische Gegenspieler des spanischen Herrschers Philipp. Zumal Lamme, dieser große Esser, 220 Pfund schwer, erscheint als gerades Gegenbild des asketischen Gegenreformators. Für sein Selbstporträt – „*Dick und mächtig wie ich bin, brauche ich eine nahrhafte und reichliche Kost*“ – hat Lamme eine metaphysische Begründung: „*Weißt du, daß unsere Seele, die des Lebens Atem ist, zum Atmen Bohnen, Ochsenfleisch, Bier, Wein, Schinken, Würste und Ruhe braucht?*“

Auch in de Costers Roman werden, nicht nur vom guten Menschen Lamme Goedzak, ungeheure Mengen verzehrt, werden unzählige Humpen geleert: „*Und der Schinken brutzelte im Ofen und ebenso die Blutwürste, und der Wein ward aufgefahren und die Gläser gefüllt. Und Lamme soff wie ein trokkener Sand und aß heißhungrig.*“ In den Schatten gestellt wird Lammes Ranzen allerdings noch vom Schmerbauch eines Propstes, der ist „*fett und wohlgenährt wie ein für den Bratspieß gemästetes Masthuhn*“. Kein Wunder bei dessen Tagesration:

„*Um neun Uhr speiste er; er trank eine Schale Milch, aß eine halbe Hammelkeule, eine kleine Reiherpastete und leerte fünf Humpen Brüsseler Wein. Um zehn Uhr schleckte er ein paar Pflaumen, begoß sie mit Wein von Orleans und betete zu Gott, er möge ihn nie in Schlemmerei verfallen lassen. Um zwölf Uhr knabberte er zum Zeitvertreib einen Flügel und einen Bürzel von einem Federvieh. Um ein Uhr trank er in Gedanken ans Abendessen einen guten Schluck spanischen Wein; dann streckte er sich auf seinem Bett aus und stärkte sich mit einem Schläfchen. Wenn er aufwachte, aß er ein wenig gesalzenen Salm, um sich den Appetit zu kitzeln und leerte einen großen Humpen Doppel-Kool aus Antwerpen. Dann ging er hinunter in die Küche, setzte sich vor den Kamin und das schöne Feuer, das darin brannte. Er schaute zu, wie für die Mönche der Abtei ein großes Stück Kalbsfleisch oder ein wohl abgebrühtes Ferkel briet und sich bräunte; er hätte es lieber gegessen als einen Laib Brot. Aber der Appetit ging ihm ein wenig ab.*"

Seit Olims Zeiten hat, nah wie fern, Phantasie die Menschen zu bunten Träumen von einem sorgenfreien Wohlleben angeregt, einer Rückkehr in einen Garten Eden ohne Verbotsschild für Versuchungen. Wohlleben bedeutete vor allem die unbegrenzte Möglichkeit, zu essen und zu trinken. Der populärste Traum ist der vom Schlaraffenland im Reiche Utopia. Er wurde Jahrhunderte hindurch und allenthalben geträumt. Bechsteins Märchen zieht noch im 19. Jahrhundert die kulinarische Summe vieler literarischer Traumreisen in das Reich der Schlaraffen:

„*... da sind die Häuser gedeckt mit Eierfladen und Türen und Wände sind von Lebzelten und die Balken von Schweinebraten ...*" Und alles ist, wie das von Hänsel und Gretel angeknabberte Hexenhaus, essbar. Und trinkbar: „*Alle Brunnen sind voll Malvasier und andre süße Weine, auch Champagner, die rinnen einem nur so in das Maul hinein, wenn er es an die Röhren hält.*" Die Fische schwimmen gebacken oder gesotten im Wasser, die Vögel fliegen gebraten in der Luft, die gebratenen Spanferkel laufen gleich mit dem Tranchiermesser im Rücken umher, Käse wachsen wie Steine, im Winter regnet es Honigtropfen.

Das Schlaraffenland, dieses Stück utopischer Weltliteratur, forderte natürlich auch die strenge Gesinnung der Vertreter des Maßhaltens heraus. Goethe trat auf den Plan und antwortete „sprichwörtlich", wie seine Gegenposition in den Gesammelten Werken überschrieben ist. Und unnachsichtig:

„Die Welt ist nicht aus Brei und Mus erschaffen,
Deswegen haltet euch nicht wie Schlaraffen;
Harte Bissen gibt es zu kauen:
Wir müssen erwürgen oder sie verdauen."

Gut gebrüllt, Goethe. Daheim in Weimar freilich, darf im Blick auf seine Gastereien vermutet werden, stand der Olympier gelegentlich auf durchaus freundschaftlichem Fuße mit einer, sagen wir mal so: gezügelt schlaraffenmäßigen Lebensweise.

Bratkutteln à la Gargantua dürften aber weder am Frauenplan noch überhaupt rechtsrheinisch als Delikatesse, die sie sind, auf den Tisch gekommen sein:

Rezept

Gesäuberte, gewässerte und gegarte Kutteln (möglichst vom zweiten, weil zarteren Rindsmagen) werden in ca. fünf Zentimeter große Vierecke geschnitten, mit **Senf** bestrichen und in **Paniermehl** gewendet. Sie werden auf ein Blech verteilt, mit **zerlassener Butter** begossen, dann lässt man sie im heißen Ofen knusprig werden. Aufgetischt werden sie in einer gut gewürzten **Vinaigrette** mit **Weißbrot** und einem **kräftigen Rotwein**, etwa einem Madiran.

Schmalhans Küchenmeister

Vom Hunger, dem schlechten Koch

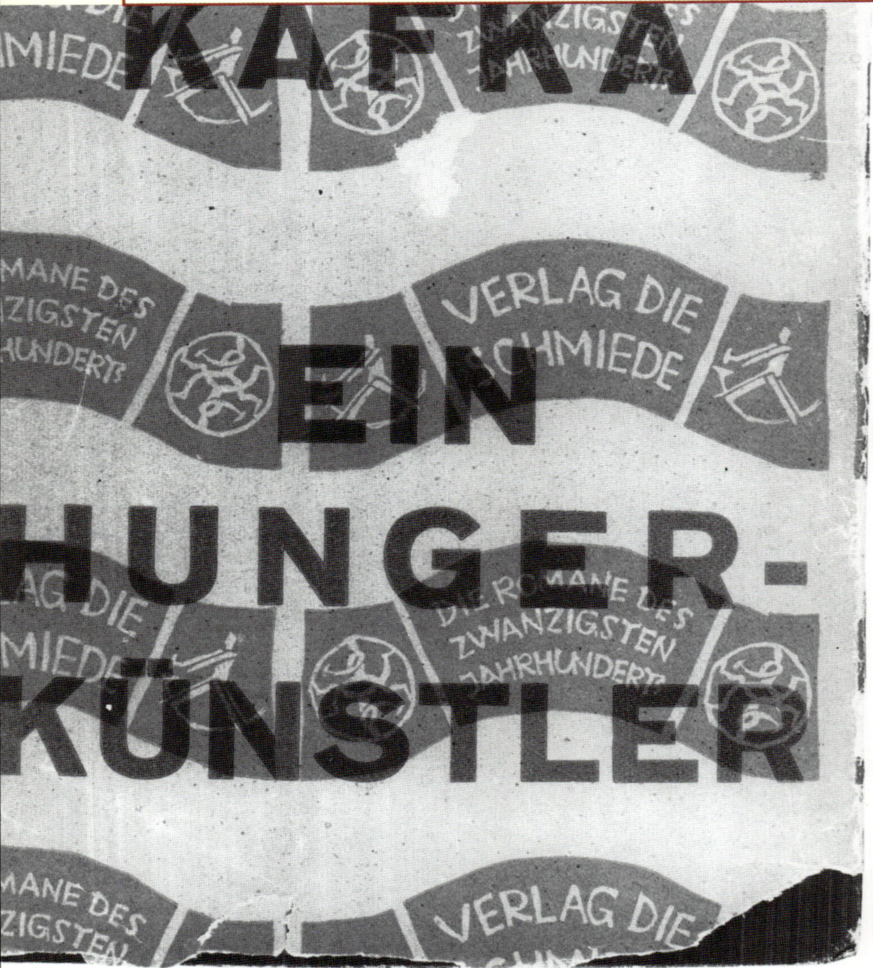

Der hunger ist der beste Koch,
der ie wart oder wirdet noch.

Freidank, Bescheidenheit

Zu behaupten, der Hunger sei ein für allemal der beste Koch, hieß auch so um anno Domini 1230 herum den Mund reichlich vollnehmen. Als Freidank, vermutlich ein fahrender Sänger, Hunger als Tugend pries und das zitierte Sprüchlein in seine Sammlung ›Bescheidenheit‹ aufnahm, gab es ausnahmsweise wohl mal keine der periodisch wiederkehrenden Hungersnöte. Denn vor dieser Geißel der Menschheit müssen derlei wohlfeile Ratschläge eigentlich verstummen. Warum also hat jener Freidank den Hunger als Koch gepriesen? Wollte er ihn für die Küche der Dickwänste annoncieren, die schon im Mittelalter während der Fasten vom eigenen Schmerbauch zu zehren wussten?

Ein halbes Jahrhundert nach Freidank, der sich mit seinem Sprüchlein immerhin einen festen Platz im immerwährenden Zitatenschatz sichern konnte, wurde der Hunger als Folge ökonomischer Krisen in Europa wieder mal und fortan immer wieder für viele Menschen zur Katastrophe mit tödlichem Ausgang. Doch Freidanks Totschlagsparole blieb im Gebrauch. Sie mochte in der Not als wohlfeiler Trost ausgesprochen, wenngleich kaum so empfunden werden. Für die Fettlebe des Wohlstandes gab sie allenfalls eine geeignete Devise zur Fastenzeit und für Diät- und Hungerkuren ab.

Hundert Jahre nach Freidank hätte François Villon den Hungerkoch als puren

Die Erstausgabe (mit Schutzumschlag) des Erzählungsbandes ›Ein Hungerkünstler‹ im Berliner Verlag „Die Schmiede“.

Zynismus angesehen. Er, der uns ohne knurrenden Magen und ohne eng geschnallten Gürtel nicht vorstellbar ist, empfand angesichts gefüllter Teller nur Bitterkeit:

„Den Armen mit dem leeren Magen,
wie mir, mag Gott Geduld verleihn!
Die andern haben nicht zu klagen,
sie haben reichlich Brot und Wein.
Sie haben guten Wein und Braten,
Kraftsuppen, Saucen, fetten Fisch,
poschierte Eier nebst Salaten,
Pasteten, Torten auf dem Tisch,
und dieser Müh nie überdrüssig,
fressen sie alles ganz allein.
Ein Mundschenk wäre überflüssig,
sie schenken sich schon selber ein.“

Nur wer im Wohlstand lebt, lebt angenehm. Diese kernigschlüssige Lebenserfahrung, von Villon als Bilanz aus den frühen Tagen der Neuzeit gezogen, ist nicht erst durch die Aktualisierung in Bertolt Brechts ›Dreigroschenoper‹ zur Tageslosung geworden. Wo die einen darben müssen, dürfen die anderen schlemmen. Reichtum bedeutete zu allen Zeiten Sattsein, Armut hieß, am sprichwörtlichen Hungertuche zu nagen.

Doch Hunger lässt sich ebenso wie der Schmerz nur umschreiben – oder mit Hilfe seines Gegenbildes vom Überfluss darstellen, wie es Villon in seinem ›Großen Testament‹ tut. Oder durch seine Folgen: Hunger tut weh und kann tödlich enden. „*Vieles fiele leichter, könnte man Gras fressen. Hierin hat es der Arme, sonst wie Vieh gehalten, nicht so gut wie dieses*“, schrieb Ernst Bloch in seinem Buch ›Prinzip Hoffnung‹. Doch der Dreißigjährige Krieg bewies nicht zum ersten und nicht zum letzten Mal, dass sich Menschen wie das Vieh ernähren, um zu überleben – oder wie Vieh zu sterben. Der ›Simplicissimus‹ von Grimmelshausen rapportiert die Wirklichkeit einer Zeit, die noch im 20. Jahrhundert ihre Wiederholung finden sollte: *„Unsere Speis war allerhand Gartengewächs, Rüben, Kraut, Bohnen, Erbsen und dergleichen, wir verschmähten auch keine Buchen, wilde Apfel, Birn, Kirschen, ja die Eicheln machte uns der Hunger oft angenehm.“*

Den Genuss von Tafelfreuden zu beschreiben und dem Leser davon einen sinnenkräftigen Eindruck zu vermitteln, ihn dergestalt teilhaben zu lassen, dass ihm das Wasser im Munde zusammenläuft, ist den Dichtern nie schwer gefallen. In den Schlemmer am reich gedeckten Tisch kann der Leser sich hineinversetzen. In den Hungerleider nicht, denn selbst früheres eigenes Darben verblasst bald zu abstrakter Erinnerung. Sie ist nicht imstande, ein mitfühlendes Magenknurren hervorzurufen. Mitleiden ist nur über den Umweg möglich, sich die Begleitumstände oder Wirkungen des Hungerns zu vergegenwärtigen. So, wenn die Mutter ihren greinenden Kindern Hänsel und Gretel nichts zu essen geben kann und sie deshalb im Walde aussetzt. So, wenn Karl Philipp Moritz seinen seit grüner Jugend unterernährten Titelhelden Anton Reiser den Teig essen lässt, der bei der Anfertigung von Hüten gebraucht wird, oder wenn sein Anton die Demütigungen des Freitisches erfahren muss:

„Nun gab es wieder eine Art Leute, welche, wenn sie Reisern eine Mahlzeit zu essen gaben, alle Augenblicke

zu sagen pflegten, wie gern es ihm gegönnt sei, und daß er sich's nur recht sollte schmecken lassen, denn für eine Mahlzeit werde es ihm nun doch einmal gerechnet, und dergleichen mehr, welches Reisern nicht weniger verlegen machte, so daß ihm das Essen statt des Vergnügens, was man sonst dabei empfindet, gemeiniglich eine wahre Qual war."

Immer stellt der nagende Hunger die Frage nach der Alternative. Wäre Anton Reiser kein Hungerleider gewesen, hätte er dann nicht solchen Bildungshunger entwickelt? Hätte auch ein satter Rodion Raskolnikoff den zum Beweis seiner Willensfreiheit geplanten Mord begehen können? Lenkte nicht der Hunger seine Absichten? Mit dem Gedanken an sein Vorhaben lässt Dostojewski den Raskolnikoff durch Petersburgs Straßen irren: „*Dabei kam es ihm plötzlich zum Bewußtsein, daß seine Gedanken sich zuweilen verwirrten und daß er sehr schwach war; es war schon der zweite Tag, daß er fast nichts gegessen hatte.*"

In dem von der Normalität abgesetzten, ausgesetzten Dasein des Hungernden gerät die Welt in ihren Maßstäben und Bildern ins Wanken:

„*Der Hunger begann einigermaßen schlimm zu werden, ich war matt und ging dahin und erbrach mich hie und da verstohlen. Ich schwenkte ab, zur Dampfküche hinunter, las die Tafel und zuckte aufsehenerregend mit den Schultern, als ob Pökelfleisch und Speck kein Essen für mich seien; von dort kam ich zum Bahnhofsplatz. Ein sonderbarer Schwindel fuhr mir mit einemmal durch den Kopf…*"

Als gleite etwas in seinem Inneren zur Seite oder als reiße ein Vorhang, ein Gewebe in seinem Gehirn entzwei – so wirkt im Roman ›Hunger‹ von Knut Hamsun die Entkräftung auf den Ich-Erzähler. Die Halluzinationen, die sein Hunger hervorruft, werden von dem, was dem Hungerleider so bitter fehlt, geradezu gespeist:

„Bei einem Metzgerladen stand eine Frau mit einem Korb am Arm und spekulierte auf Würste zu Mittag; als ich an ihr vorüberging, sah sie mich an. Sie hatte nur einen Zahn, und der saß ganz vorne. Nervös und leicht empfänglich, wie ich in den letzten Tagen geworden war, machte das Gesicht der Frau sofort einen widerlichen Eindruck auf mich; der lange, gelbe Zahn sah aus wie ein kleiner Finger, der aus dem Kiefer ragte, und ihr Blick war noch voll Wurst, als sie sich zu mir drehte. Ich verlor mit einemmal den Appetit und fühlte Würgen."

Wer hungert, hat einen leeren Magen. Leere ist nur mit dem, was fehlt und ihren Folgen zu beschreiben: *„Gesichte und Träume! Ich sagte mir: Bekäme ich jetzt Essen, würde mein Kopf wieder verstört werden, ich würde das gleiche Fieber im Gehirn wieder bekommen und viele wahnsinnige Einfälle, mit denen ich kämpfen müßte."* So bestätigt Hamsuns Hungernder die zum platten Alltagswort gewordene schreckliche Wahrheit vom wahnsinnigen Hunger, dass nämlich Hunger den Menschen in den Wahnsinn treiben kann.

Dass Essen und Trinken humanes Tun sind, Hunger aber entmenschlicht, beschreibt schon Homers ›Odyssee‹. Der Hunger verdrängt beim Helden die Trauer um die Heimat, die er auf seiner Irrfahrt vergeblich ansteuert:

„Aber erlaubt mir zu essen, wie sehr ich auch traure.
Denn nichts ist unbändiger als der zürnende Hunger,
Der mit tyrannischer Wut an sich die Menschen erinnert,
Selbst den leidenden Mann mit tiefbekümmerter Seele.
Also bin ich von Herzen bekümmert, aber beständig
Fordert er Speis und Trank, der Wüterich! und ich vergesse
Alles, was ich gelitten, bis ich den Hunger gesättigt."

Wer hungert, kann an nichts anderes denken als daran, den Hunger zu stillen. Wer dem Verhungern nahe ist, dem verwirrt sich das Denken, ihn bedroht der Wahnsinn. Nur Übel hält die Sprache bereit, wo vom Magengrimmen bis zum

Verhungern die Rede ist. Hunger tut weh, schmerzt, beißt, zwickt, nagt, brüllt, führt am Ende zum Tode, auch für Franz Kafkas „Hungerkünstler“. Der muß hungern, weil er nicht anders kann: „*...weil ich nicht die Speise finden konnte, die mir schmeckt. Hätte ich sie gefunden, glaube mir, ich hätte kein Aufsehen gemacht und mich vollgegessen wie du und alle*“ sind seine letzten Worte.

Rezept

Bettelmanns Suppe (nach einem Rezept dieses Namens aus dem frühen 19. Jahrhundert): Für jede Person rührt man einen guten Kochlöffel voll **Grütze** mit **Wasser** eben, rührt dieses zu dem zur Suppe bestimmten kochenden Wasser, setzt die Suppe, sobald sie gut kocht, zur Seite des Feuers und lässt sie langsam eine halbe Stunde kochen. Beim Anrichten gibt man **Salz** daran.

Tischzucht

Manierliches Genießen

Ich könnte ohne Tischtuch essen; aber ohne Serviette, nach deutscher Art, äußerst ungern.

Michel de Montaigne, Über die Erfahrung

Der Mensch ist, was er isst – und wie er isst, das zeigt, was er ist. Das war immer so und ist immer so geblieben. Als Sancho Pansa von seinem Herrn Don Quijote eingeladen wird, neben ihm Platz zu nehmen und aus seiner Schüssel zu essen und zu trinken, lehnt er das selbstbewusst ab:

„…ich muß Euch sagen, gnädiger Herr, daß, wenn ich was Gutes zu essen habe, es mir im Stehen und so für mich weit besser schmeckt, als wenn ich einem Kaiser zur Seite gesetzt würde. Und soll ich vollends die Wahrheit bekennen, so schmecken mir Brot und Zwiebeln in meinem Winkel besser, wenn ich ohne Umstände und Komplimente essen darf, als Puterbraten, wenn ich nur langsam kauen soll, wenig trinken, mir alle Augenblicke den Mund

Tischzucht. Patrizierfamilie beim Tischgebet. Kupferstich, 1645.

wischen muß, weder niesen noch husten darf, wenn mir die Lust ankommt, oder andere Dinge tun, die sich mit der Einsamkeit und Freiheit vertragen.“

Als Cervantes seinen Roman schrieb, begannen die Tischmanieren der Oberschicht Anklang auch im Bürgertum zu finden. Im Deutschen hieß der Benimm-Kodex, dem sich Sancho Pansa verweigert, in jenen Tagen ›Tischzucht‹. Freiheiten, die Don Quijotes Diener für das Einnehmen seiner Mahlzeit reklamiert, fallen samt und sonders unter die Verbote der Tischzucht, die uns von Hans Sachs überliefert ist. Der Katalog der Verhaltensvorschriften reicht vom Händewaschen und dem Tischgebet vor dem Essen bis zur Empfehlung an Maid, Jungfrau und Frau, sie *„solln nach keinem Floh hinunterfischen“*. Vor allem aber enthält er Verbote:

„Nit schnaufe oder säuisch schmatz!
Nit ungestümb nach dem Brot platz,
daß du kein Gschirr umbstoßen thust!
Das Brot nit schneid an deiner Prust!
Das gschnitten Brote oder Weck
Mit deinen Henden nit verdeck
Und brock nit mit den Zehnen ein
Und greiff auch für dein Ort allein
Thu nit inn der Schüssel umbstürn,
Darüber halten will nit gebürn.
Nemb auch den Löffel nit zu voll!
Wenn du dich trayffst, das steht nit wohl.
Greiff auch nach keiner Speise mehr,
biß dir dein Mund sey worden leer!
Red nicht mit vollem Mund! Sei messig!
Sei inn der Schüssel nit gefressig,
der aller letzt drin ob dem Tisch!
Zerschneid das Flaisch und brich die Fisch

und käu mit verschlossem Mund!
Schlag nit die Zung auß gleich eim Hund,
zu ekeln! Tu nit geitzig schlinken!
Und wisch den Mund, eh du wilt trinken,
daß du nit schmaltzig machst den Wein!
Trinck sittlich und nit hust darein!"

Die seit dem römischen Kaiser Domitian bekannte Serviette, ohne die Montaigne nicht essen mochte, war noch im sechzehnten Jahrhundert nicht über den Limes und die Adelsschranken vorgedrungen. Die Aufforderung der Tischzucht-Regel *„Am Tischtuch soll sich niemand wischen"* hatte sich zu Montaignes Zeit wohl noch nicht allenthalben durchgesetzt, weswegen seine Erfahrung, lieber auf das Tischtuch als auf die Serviette zu verzichten, verständlich wird.

Und weil das Schnäuzen mit der Hand allgemein üblich war, wurde auch dabei zur Vorsicht bei Tisch geraten. Schließlich wurde das Essen mit der Hand von der gemeinsamen Platte genommen.

Noch war das Tischgerät für den Einzelnen beschränkt auf Glas und Messer, bevor der Löffel dazukam. Zur Verfeinerung der Tischmanieren trug die Individualisierung des Essens durch die Einführung der Essgabel und des eigenen Tellers bei der gemeinsamen Mahlzeit entscheidend bei. Der Fortschritt nahm dabei seinen Weg über die Standesstufen von oben nach unten. Was man aß und wie man aß, zeigte den Stand an.

„Iß weder Knoblauch noch Zwiebeln, damit man nicht aus dem Geruche deinen gemeinen Stand schließt…", rät der wohlmeinende Don Quijote seinem Diener; und: *„Gib acht, Sancho, daß du nicht mit beiden Backen kaust…"* Sancho Pansa beherzigt weder den einen noch den anderen Rat des irrenden Ritters. Der kleine Mann hat sich noch nie durch allzu einen-

gende Verhaltensregeln in seinem Genuss, zu essen und zu trinken, was ihm schmeckt, beeinträchtigen lassen.

Das galt nicht minder noch im Jahr 1928 für Franz Biberkopf in Alfred Döblins ›Berlin Alexanderplatz‹. Seine kulinarische Welt ist die Eckkneipe der Großstadt mit ihren Steinkruken auf der Theke („*Rollmöpse in ff. Gewürztunke, zart mit Gurkeneinlage…*"). Für die Aufnahme solcher kulinarischen Genüsse gelten eigene Regeln:

„*Und es ging hoch her. Meck und der Stumme staunten, wie Franz ganz auftaute, mit Wonne aß und trank, 2 Eisbeine, dann Bohnen mit Einlage und eine Molle Engelhardt nach der anderen, und ihnen spendierte er. Sie stemmten die Arme zu dritt aneinander, daß keiner noch an den kleinen Tisch rankäme und sie störte; nur die magere Wirtsfrau durfte ran und abräumen und aufräumen und neu zufüllen… Und sie meckerten, schmatzten, schluckten zu dritt. Immer wieder verkündete Franz: ‚Man muß sich auffüllen. Ein Mensch, der Kraft hat, muß essen. Wenn du die Plautze nicht voll hast, kannste nischt machen.‘*"

Das hat mit der ›Tischzucht‹ von Hans Sachs nur noch geringe Ähnlichkeit: „*wer neben dir zu Tisch ist gsessen, / der irre nit mit Ellenbogen! / Sitz aufgerichtet, fein geschmogen! / Ruck nit hin und herauf auf der Bank, / daß du nit machest ein Gestank!*"

Sieht man von dem zu vermeidenden Gestank und anderen zeitgebundenen Ratschlägen ab, so folgt das Benehmen der bürgerlichen Gesellschaft an der Tafel seither in wichtigen Zügen unverändert den Tischzuchten des sechzehnten Jahrhunderts:

„*Der Raum, welchen der einzelne an der Tafel einzunehmen hat, wird auf sechzig bis siebzig Zentimeter Abstand von einem Gedeck zum andern bemessen. Enger zu sitzen würde die Gäste gegenseitig behindern, und eine größere Entfernung erschwert wieder die Unterhaltung*“, empfiehlt ein vielgelesener Ratgeber für gute Manieren am Ende des neunzehnten Jahrhunderts. Und: *„Es gibt für empfindsame Ohren keine widerlicheren Töne, als diejenigen sind, welche beim Essen und Trinken hervorgebracht werden.*“

Nach solcher „Tischzucht“ in der Nachfolge von Hans Sachs richtet sich der eine Teil der Europäer unverändert. Der andere aber folgt eher der Art und Weise, wie Sancho Pansa und Franz Biberkopf aßen – ohne freilich von deren Existenz und ihrer immerhin achtbaren Ernährungsweise etwas zu wissen. Die Tischmanieren in der Fastfood-Kette finden sich in der zeitgemäßen Literatur als Sprechblasen wieder: Schmatz, Schlürf, Grunz, Schluck,

Seufz!

Rezept

Berliner Eisbein **(gepökeltes Schweinebein ohne Fuß)**: ca. ein bis anderthalb Stunden in Wasser gar kochen, das mit **Zwiebeln, Lorbeerblatt, Piment** und **Pfefferkörnern** gewürzt wird. Dazu **Sauerkraut** und **Erbspüree**: **Gelbe Erbsen** in einem Topf mit **Wasser** bedecken und aufkochen. Das Wasser abgießen und mit frischem Wasser ca. zwei Stunden kochen lassen. Durch ein Sieb passieren; **salzen** und mit geriebener **Muskatnuss** würzen; gedünstete **Zwiebeln** und ein Stück **Butter** unterrühren.

An den Brüsten der Natur

Das Picknick als Lebensform

Kannst hier nur auf der Erde decken,
Hier unterm Apfelbaum;
Da pflegt es abends gut zu schmecken
Und ist am besten Raum.

Matthias Claudius, Abendlied eines Bauersmanns

Unter freiem Himmel hat es sich schon der Homo erectus schmecken lassen, wenn nicht Umwelt und Wetter ihn bewegten, in der schützenden Höhle am Markknochen des Tiers zu zutzeln, das er mit dem Faustkeil hingemacht hatte. Picknick konnte man das aber noch nicht nennen. Bis zum froh genossenen Schmaus im Grünen hatte die Menschheit noch eine weite Entwicklung zurückzulegen. Erst musste sie sich die Natur unterwerfen, sie bewohnbar machen und sich selbst zivilisieren.

Richtig wohl bei der Atzung an den Brüsten der Natur fühlten sich die Mitteleuropäer erst seit dem späten 18. Jahrhundert. Jean-Jacques Rousseaus Ruf, zur Natur und ihrer Einfachheit auch in der Nahrung zurückzukehren, führte bald zur Erfindung des Picnic- oder Pique-nique-Korbes. Johann Peter Eckermann, Goethes Sekretär, nennt ihn zwar nicht beim Namen, beschreibt ihn aber exakt anlässlich eines Ausflugs mit dem alten Dichterfürsten am 24. September 1827: *„‚Wir wollen hier ein wenig aussteigen', sagte er, ‚und sehen, ob ein kleines Frühstück in freier Luft uns schmecken wird.' Wir stiegen aus und sahen uns um. Der Bediente breitete eine Serviette über einen viereckigen Steinhaufen, wie sie an der Chaussee zu liegen pflegen, und holte aus dem Wagen den aus Binsen geflochtenen Korb, aus welchem er neben frischen Semmeln gebratene Rebhüh-*

Déjeuner sur l'herbe. Partie centrale (1865/66). Claude Monet. Fragment des 1884 von Monet zurückgekauften und zerschnittenen Gemäldes.

ner und saure Gurken auftischte. Goethe schnitt ein Rebhuhn durch und gab mir die eine Hälfte.“

Goethe wusste, dass zur Freude an den Brüsten der Natur, die sein Freund Schiller besungen hatte, noch etwas gehört: *„Der Bediente hatte indes auch eine Flasche Wein aus dem Wagen geholt, wovon er uns einschenkte. ‚Unser Freund Schütze‘, sagte Goethe, ‚hat nicht unrecht, wenn er jede Woche eine Ausflucht aufs Land macht; wir wollen ihn uns zum Muster nehmen, und wenn das Wetter sich nur einigermaßen hält, so soll dies auch unsere letzte Partie nicht gewesen sein.‘“*

Am ausführlichsten geschwelgt in der Beschreibung von Mahlzeiten im Grünen hat Johann Heinrich Voß. Natürlich verwendete der große Homer-Übersetzer auch in seinen Idyllen den Hexameter. Seine Mitwelt hat in ihnen die vielen Schmäuse und ihre liebevoll detaillierte Schilderung bemäkelt. Aber die so ausgiebig beschriebenen Mahlzeiten waren nicht nur ein Reflex seiner Homer-Übersetzungen, sondern eher ein Echo auf Rousseau: Der Aufklärer Voß spielt das bürgerlich-bäuerliche Essen auf dem Lande gegen die feudale Gasterei aus:

„Seid ihr auch satt, ihr Lieben? Nur Baurenkost war es freilich
Und kein gräflicher Schmaus; doch hoffen wir, Freunde des Hauses
Werden die Tat mit dem Willen entschuldigen. Trinken wir jetzt noch
Kaffee hier? Vornehme genießen ihn gleich nach der Mahlzeit.“

So und noch deutlicher grenzt Voß 1784 in seiner ersten Luise-Idylle ›Das Fest im Walde‹ das vorrevolutionäre Bürgertum selbstbewusst durch seinen Speisezettel von der Feudalherrschaft und ihrer Küche ab:

„… Gut sein ist besser denn vornehm.
Säße bei solchem Mahle der Ländlichkeit selbst auch der Kaiser,

Und er sehnte sich ekel zur Kost der französischen Küche
Und zum Gezier der Höflinge heim, so verdient' er zu hungern!"

Man schlägt sich gern auf die bürgerliche Seite, liest man die Speisenfolge des Festmahls im Walde anlässlich des siebzehnten Geburtstags der Tochter Luise:

„Als sie den blumigen Rasen des weitumschattenden Buchbaums
Jetzo erreicht, da eilten Mama und die freundliche Tochter
Schnell zu dem Kahn am Ufer und brachten im zierlichen Tischkorb
Feines Gedeck, Eßlöffel und englische Messer und Gabeln;
Brachten das Zuckergeschirr von violigem Glase, mit Silber
Zierlich gefaßt, wie ein Korb, ein Geschenk der gnädigen Gräfin.
Brachten die reinlichen Teller von Steingut, spanische Erdbeern
Auf eiförmiger Schüssel und fette Milch in gestülpter
Porzellanener Kumme, geformt wie ein purpurner Kohlkopf,
Welche mit wärmendem Punsch und Bischof füllte der Vater,
Wann ein Freund ihn besucht' in den sausenden Tagen des Winters;
Brachten mit Eppich umlegt die Bachkrebs, ähnlich den Hummern,
Auch zween kalt gebratne Kapaune, umhüllt vor den Fliegen;
Brachten dann hochgehäuft vielrautige bräunliche Waffeln,
Auch die duftende Frucht der grüngestreiften Melone,
Gelbe gezeichnete Butter in bläulicher Dos, auf dem Deckel
Lag ein käuendes Rind zum Handgriff; lieblichen Schafkäs
Und holländischen Käs und einen gewaltigen Rettich
Für Papa; auch Kirschen und rot und weiße Johannisbeern."

Auch hier besorgt der Bediente das Geschäft des Sommeliers:

„Siehe, der ehrliche Hans hat Milch und Wein uns bedachtsam
Abgekühlt im Schilfe des Sees; da bringt er den Korb schon.“

Ein wahrhaft idyllisches Festmahl im Walde:

„Rastlos tönte der Heimen Geschwirr, und Vögelein sangen;
Fernher rief der Kibitz, der Kuckuck nahe; vom Kornfeld
Lockte die streifende Wachtel, die Ringeltaub in dem Ulmbaum
Gurrt' und es krächzte der Rak mit himmelblauem Gefieder.
Feierlich öffnete jetzt mit dem Pfropfenzieher der Vater
Eine Flasch und verteilte zum Nachtisch goldenen Steinwein …“

Seinem ›Abendschmaus‹ von 1778 stellt Voß selbstironisch einen den Anfang der ›Odyssee‹ und sich selbst karikierenden griechischen Hexameter voran. Deutsch lautet er: *„Sage mir, Muse, vom Schmause, der viel genähret und vielfach.“* Tatsächlich geht es auch hier ausgiebig ums Essen und Trinken, diesmal bei einem Hamburger Kaufherrn, dem der Landmann Pferde verkauft hat. Bei seiner Rückkehr zu Frau und Kind fragt er nach kühlender Buttermilch, *„denn du hast doch heute gebuttert?“*. Seine Frau antwortet:

„Bald den klaren Beweis, bei lockerem Brot und Radieschen!
Setz dich nun, wie du pflegst, hausväterlich in den Lehnstuhl;
Und in behaglichen Wölkchen erzähle mir etwas von Hamburg.
Luftiger kleid' ich indeß den wähligen Buben in Nachtzeug,
Daß er mit Ernst einsauge; mich drängt der gesegnete Vorrath.“

Da sind denn die Brüste der Natur wörtlich zu verstehen. Nachdem das Kind gestillt ist und der Vater vom vielgängigen Festschmaus in Hamburg berichtet hat, lässt das Paar sich dessen bukolische Variante *„der ländlichen kleinen Bewirtung“* in der Laube *„im verdämmernden Glanze des Abends“* schmecken.

Rezept

Picknick mit Eckermann: Das ausgenommene und gereinigte **Rebhuhn** mit dünnen, etwas **gesalzenen Speckscheiben** umwinden. In einer Pfanne mit **brauner Butter** bei mäßiger Hitze in maximal einer halben Stunde hellbraun und fertig braten. Langsam abkühlen lassen. Mit frischen **Semmeln** aus dem Korb und gekühltem **Unstrut-Silvaner** servieren. Goethes saure Gurken darf man weglassen.

Tafeln in der Fremde

Geschmackssachen

Die reichen Perser leisten sich ein Rind, ein Pferd, ein Kamel und einen Esel, die ganz im Ofen gebraten werden. Die Ärmeren unter ihnen lassen kleinere Tiere zubereiten. Sie haben nur wenige Gerichte, dafür um so mehr Nachtisch.

Herodot, Historien

Früher, das heißt bis vor kurzem, als die Küche noch nicht globalisiert war wie jetzt, wo man fast überall fast alles essen kann, hieß es sich entscheiden. Entweder folgte man dem Rat des Psalmisten, der da gesagt hat (Ps 37,3): *„Bleibe im Lande und nähre dich redlich."* Das konnte lebenslänglich Hausmannskost bedeuten. Oder man beherzigte Eichendorff: *„Wem Gott will rechte Gunst erweisen, den schickt er in die weite Welt."* Da durfte man unter den Wundern, die der Dichter verheißt, auch mit kulinarischen Köstlichkeiten rechnen. Wahr war immer, dass man sich das Verständnis der Fremde durch die Kenntnis

Goethe in der Campagna (1787). Gemälde von Johann Heinrich Wilhelm Tischbein (1751 – 1829).

ihrer Ess- und Trinkgewohnheiten buchstäblich verinnerlichen kann. In seinen Geschichten von unterwegs, die Herodot zum Vater unserer Historiographie machten, wird so mancher Blick in fremde Kochtöpfe geworfen. Dadurch wissen wir, dass die Perser fürs Dessert schon vor über zweitausend Jahren eine Vorliebe hegten. Wie es Herodot selber auf seinen Reisen schmeckte, hat er leider nicht überliefert.

Die Literatur unserer Klassiker fühlte sich in diesem Punkt der Objektivität weniger verpflichtet. Ihr bevorzugtes Ziel Italien galt zwar vornehmlich den klassischen Altertümern, doch verschmähten sie keineswegs die Kenntnisnahme der so anderen als der heimischen Küche. Das Urteil der Reisenden fiel dabei recht verschieden aus. Als auch Johann Gottfried Herder dem Zug der Zeit folgte und nach Italien reiste, schien er wenig begeistert von dem, was ihm dort aufgetischt worden war. In vornehmer Zurückhaltung, aber deutlich genug ließ er es bei der Feststellung bewenden: *„Der deutsche Wein und die deutschen Gerichte tun mir nach meiner zweimonatlichen Reise sehr wohl.“* Dabei war er, der auch Theologe war, wohl weniger dem Vorurteil des Psalmisten gefolgt als seinem Geschmack. Herder war ja kein Stubenhocker. Er, der aus Ostpreußen kam und in Straßburg gelebt hatte, goutierte eben nur den Süden und seine Küche nicht.

Sein Weimarer Mitklassiker Goethe hatte bei seinem allerdings ungleich längeren Aufenthalt auf der Halbinsel ganz andere Präferenzen. Seine ›Italienische Reise‹ bekundet ein intensives und durchweg positives Interesse an allem, was Essen und Trinken im Land seiner Sehnsucht betrifft. Unermüdlich inspiziert er in allen italienischen Regionen die Märkte und schildert ihre sinnekitzelnde Fülle. Auch richtet er bei seinen Reisen durch das Land, wo die Zitronen blühen, sein besonderes Augenmerk auf die Früchte von Feld und Baum.

Gern geht er den Einflüssen der Ernährung auf die Gesundheit nach. Kaum hat er den Brenner passiert, stellt er fest, das fleischlose Essen der welschen Tiroler, Mehlteig in Butter gebraten, müsse notwendig *„die ersten Wege verleimen und verstopfen, besonders bei den Kindern und Frauen, und die kachektische Farbe deutet auf solches Verderben"*. Goethe selbst neigt zur Seekrankheit, weiß sich aber an Bord einschlägig zu helfen: *„Ich begab mich in meine Kammer, wählte die horizontale Lage, enthielt mich, außer weißem Brot und rotem Wein, aller Speisen und Getränke und fühlte mich ganz behaglich."*

Auf Sizilien registriert er: *„Vom Essen und Trinken hier zu Land hab' ich noch nichts gesagt, und doch ist es kein kleiner Artikel. Die Gartenfrüchte sind herrlich, besonders der Salat von Zartheit und Geschmack wie eine Milch; man begreift, warum ihn die Alten Lactua genannt haben. Das Öl, der Wein alles sehr gut, und sie könnten noch besser sein, wenn man auf ihre Bereitung mehr Sorgfalt verwendete. Fische die besten, zartesten. Auch haben wir diese Zeit her sehr gut Rindfleisch gehabt, ob man es gleich sonst nicht loben will."*

„Schon Goethe hat …" – pflegte man einst zu sagen. Wirklich: Schon Goethe hat Testberichte von verschiedenen Gerichten geliefert, klassische Kritiken, versteht sich:

„Die Kost, wie sie der Maultierknecht bestreiten konnte, war nicht die beste. Eine Henne in Reis gekocht wäre dennoch nicht zu verachten gewesen, hätte sie nicht ein unmäßiger Saffran so gelb als ungenießbar gemacht."

Goethe sah genau hin, was die Italiener essen und wie ihre Speisen zubereitet werden, zum Beispiel durch Frittieren: *„Große Pfannen standen vor der Türe auf leicht gebauten Herden. Ein Gesell wirkte den Teig, ein anderer formte, zog ihn zu Kringlen und warf ihn in die siedende Fettigkeit. An der Pfannen stand ein dritter mit einem kleinen Bratspieße, er holte die*

Kringlen, wie sie gar wurden, heraus, schob sie einem vierten auf ein ander Spießchen, der sie den Umstehenden anbot. Noch einige Figuren vollendeten die Gruppe, reichten Wein den Beschäftigten, tranken selbst und schrieen, die Ware zu loben... Dergleichen kann man endlos erzählen."

Häufig widmet sich Goethe dem italienischen Grundnahrungsmittel, der Pasta und ihrer Herstellung, wie zum Beispiel der Lumache:
„*...von der feinsten, weißesten und kleinsten Sorte, davon diejenigen am teuersten bezahlt werden, die, nachdem sie erst in Gestalt von gliedslangen Stiften gebracht sind, noch von spitzen Mädchenfingern einmal in sich selbst gedreht, eine schneckenhafte Gestalt annehmen. Wir setzten uns zu den hübschen Kindern, ließen uns die Behandlung erklären und vernahmen, daß sie aus dem besten und schwersten Weizen, Grano forte genannt, fabriziert würden. Dabei kommt viel mehr Handarbeit als Maschinen- und Formwesen vor. Und so hatten sie uns denn auch das trefflichste Nudelgericht bereitet...*"

Auch der andere große Italien-Reisende jener Jahre, Johann Gottfried Seume, notiert bei seinem ›Spaziergang nach Syrakus‹ im Jahre 1802 immer wieder Landesbrauch bei Speis und Trank. Die Verhältnisse Italiens haben sich seit Goethes Reise fünfzehn Jahre zuvor allerdings dramatisch verändert. Der politische Epochenbruch hat das Land in

Chaos und Armut gestürzt. Darunter leiden nicht alle. Die opulenten Fastenessen der Mönche zum Beispiel empören Seume immer wieder. Dass die Armen während der Fasten ausschließlich auf Paste angewiesen sind, hält er für ein großes Unglück:

„Ich habe vernünftige Ärzte in Italien darüber sprechen hören, daß jährlich in den Fasten eine Menge Menschen an der verdammten Paste sich zu Tode kleistern, denn der gemeine Mann hat die ganze lange Zeit über fast nichts anderes als Makkaronen mit Öl.“

Seume selbst kommt bei Gelegenheit, wie in Udine, ganz gut mit den Fasten zurecht: *„Der Wirt brachte uns Polenta, Eierkuchen und zweierlei Fische aus dem Tagliamento, gesotten und gebraten. Du siehst, dabei war kein Fleisch: das war also an meinem Geburtstage gefastet und nach den besten Regeln der Kirche.“*

Doch vermied er derart reduzierte Mahlzeiten nach Möglichkeit: *„Im Gasthofe fütterte man mich den Abend sehr gut mit Suppe, Rindfleisch, Wurst, Fritters, Kapaun, Obst, Weintrauben und Käse aus Parma. Du siehst, daß ich gewöhnlich nicht faste wie an meinem Geburtstage zu Udine…“*

In der Regel ließ sich der weit gereiste Weltenwanderer Seume das, was ihm aufgetischt ward, wohl schmecken. In Terni allerdings findet er Grund zur Mäkelei: *„Mein Wirt, ein*

Tiroler und stolz auf die Ehre, ein Deutscher sein, fütterte mich auf gut österreichisch recht stattlich und setzte mir zuletzt ein Gericht Sepien vor, die mir zum Anfange vielleicht besser geschmeckt hätten." Seume wird zum Gastronomie-Kritiker: „*Zum Dessert und zur Delikatesse kann ich den Dintenfisch nach dem Urteil meines Gaumens nicht empfehlen; schon seine schwarz-braune Farbe ist in der Schüssel eben nicht ästhetisch.*"

Als Dessert sind Calamari, da hat Seume Recht, ungeeignet. An anderer Stelle des Menüs können sie jedoch recht schmackhaft sein. Das mitessende Auge lässt sich im Zweifelsfalle, wie beim Verzehr von Austern, vom Gaumen eines Besseren belehren.

Rezept

Tintenfisch als Zwischengericht: Die **Sepien** werden gehäutet, gereinigt und zerlegt, nachdem die ungenießbaren Teile wie Kalkschulp und Innereien, außer dem Tintenbeutel, entfernt worden sind. Die Teile in einer Kasserolle mit zerkleinerten **Schalotten** und **Knoblauchzehen** in **Olivenöl** anbraten und in mit **Gewürzen** und **Kräutern** abgeschmecktem **Weißwein** bzw. der **Tinte des Tintenbeutels** dünsten. Mit **Reis** oder **Pasta**, am geeignetsten Spaghetti, servieren.

Bildungsreisen des Gourmets

Poetische Erkenntnisse

Jedes Land hat seine besondere Küche und seine besondere Weiblichkeiten, und hier ist alles Geschmackssache.

Heinrich Heine, Memoiren des Herren von Schnabelewopski

Ein Besucher Heines in Paris, Ludwig Wihl, zeigte sich 1833 darüber bekümmert, dass der Dichter

„zuweilen selber seine Küche mit versieht. Ich habe einmal, um ein Beispiel anzuführen, ihm einen Indischen Hahn verzehren helfen, den er in meinem Beisein selber eingekauft hatte. Dergleichen zieht den Geist herab und es war mir weh, wenn Heine sich etwas darauf zu Gute that… Bei alle dem muß ich indessen gestehen, der Hahn war vortrefflich…"

Der freundliche Wihl hat, so scheint es, Heinrich Heine in seinen Beziehungen nicht nur zum Truthahn verkannt. Es gibt kaum ein literarisches Werk des 19. Jahrhunderts, das so von Küchendüften und Weinbuketts durchzogen ist wie das dieses Dichters. So wird Heine den eigenhändigen Einkauf für seinen Mittagstisch auch nicht als eine geistlose Angelegenheit gesehen haben. Wenn er vom Essen und Trinken schrieb, war das alles andere als abstrakt, sondern aus reicher Anschauung und Erfahrung geschöpft, auf die sich auch der Einkauf des vortrefflichen Hahns stützen konnte. So vergleicht er denn auch mit Delikatessen, wenn er lobt: *„Es ist eine gute Geschichte, köstlich wie eingemachte Ananas oder wie frischer Kaviar oder wie Trüffel in Burgunder…"*

In seinem ›Buch Le Grand‹ ist im 14. Kapitel die Rede von Speisen, die unschwer als Favoriten in seiner kulinarischen Biographie auszumachen sind: Der Dreißigjährige schreibt von *„Göttinger Wurst,*

Hamburger Käse-Frau.
Radierung, koloriert, um 1800.

Hamburger Rauchfleisch, pommerschen Gänsebrüsten, Ochsenzungen, gedämpftem Kalbshirn, Rindsmaul, Stockfisch, und allerlei Sorten Gelee, Berliner Pfannkuchen, Wiener Torte, Konfitüren" – Topoi, die auch im späteren Werk des Dichters immer wieder aufscheinen.

Vom Genie, das sich erst hungernd entfaltet, hielt Heine nichts. Ganz im Gegenteil: Im ›Buch Le Grand‹ findet seine kulinarische Phantasie eine passende Antwort auf die These des Horaz, der Autor solle sein Werk neun Jahre lang liegen lassen: „*Als Horaz diese Regel ersann, saß er vielleicht an der Tafel des Mäzenas und aß Truthähne mit Trüffeln, Fasanenpudding in Wildpretsauce, Lerchenrippchen mit Teltower Rübchen, Pfauenzungen, indianische Vogelnester, und Gott weiß! was noch mehr, und alles umsonst.*"

›Deutschland. Ein Wintermärchen‹, das radikalpolitisch-satirische Versepos von 1844, findet den Emigranten in so manchem Vierzeiler an der deutschen Tafel. Das gesamte Caput IX verdankt sich samt politischer Würze der deutschen Küche:

„*Von Cöllen war ich drei Viertel auf Acht*
Des Morgens fortgereiset;
Wir kamen nach Hagen schon gegen Drei,
Da wird zu Mittag gespeiset.

Der Tisch war gedeckt. Hier fand ich ganz
Die altgermanische Küche.
Sei mir gegrüßt, mein Sauerkraut,
Holdselig sind deine Gerüche!

Gestovte Kastanien im grünen Kohl!
So aß ich sie einst bei der Mutter
Ihr heimischen Stockfische, seid mir gegrüßt!
Wie schwimmt ihr klug in der Butter!

Jedwedem fühlenden Herzen bleibt
Das Vaterland ewig teuer
Ich liebe auch recht braun geschmort
Die Bücklinge und Eier.

Wie jauchzen die Würste im spritzelden Fett!
Die Krammetvögel, die frommen
Gebratenen Englein mit Apfelmus,
Sie zwitscherten mir: Willkommen!

Willkommen, Landsmann, – zwitscherten sie
Bist lange ausgeblieben,
Hast dich mit fremdem Gevögel so lang
In der Fremde herumgetrieben!

Es stand auf dem Tische eine Gans,
Ein stilles gemütliches Wesen.
Sie hat vielleicht mich einst geliebt,
Als wir beide noch jung gewesen.

Sie blickte mich an so bedeutungsvoll,
So innig, so treu, so wehe!
Besaß eine schöne Seele gewiß,
Doch war das Fleisch sehr zähe.

Auch einen Schweinskopf trug man auf
In einer zinnernen Schüssel;
Noch immer schmückt man
den Schweinen bei uns
Mit Lorbeerblättern den Rüssel."

Abgesehen von Hamburg mit seinen „*Rauchfleischlichkeiten*" unterhielt der Dichter zur deutschen Küche ein distanziertes Verhältnis:

„Sie hat alle möglichen Tugenden und nur einen einzigen Fehler; ich sage aber nicht welchen. Da gibt's gefühlvolles, jedoch unentschlossenes Backwerk, verliebte Eierspeisen, tüchtige Dampfnudeln, Gemütssuppe von Gerste, Pfannkuchen mit Äpfel und Speck; tugendhafte Hausklöße, Sauerkohl – wohl dem, der es verdauen kann."

Auch sonst hat der in Europa weit gereiste Heine in verschiedenen seiner Werke die Küchen der Nationen scharfzüngig charakterisiert – und sie in delikater Beziehung zu ihren Frauen gesehen: *„Von hohem idealischen Standpunkte betrachtet, haben die Weiber überall eine gewisse Ähnlichkeit mit der Küche des Landes."*

An der holländischen Küche preist er die Reinlichkeit und die eigentliche *„Leckerkeit"*:

„Besonders ist die Zubereitung der Fische unbeschreibbar liebenswürdig. Rührend inniger, und doch zugleich tiefsinnlicher Sellerieduft. Selbstbewußte Naivität und Knoblauch. Tadelhaft jedoch ist es, dass sie Unterhosen aus Flanell tragen; nicht die Fische, sondern die schönen Töchter des meerumspülten Hollands."

Die Erinnerung an seine italienische Reise und ihre Küchenerlebnisse tauchen diese in eine poetische Aura:

„Italiens gelbfette, leidenschaftsgewürzte, humoristisch garnierte, aber doch schmachtend idealische Küche trägt ganz den Charakter der italienischen Schönen. Oh, wie

sehne ich mich manchmal nach den Lombardischen Stuffados, nach den Tagliarinis und Broccolis der holdseligen Toscana! Alles schwimmt in Öl, träge und zärtlich, und trillert Rossinis Melodieen, und weint vor Zwiebelduft und Sehnsucht!" – Sehnsucht verspürt Heine auch nach Makkaroni, auf die ein weißer Regen von geriebenem Parmesankäse fällt…

Der Dichter räumt ein, dass jedes Land seine besondere Küche und seine besonderen Weiblichkeiten habe und dabei alles Geschmackssache sei. Aber der in Paris lebende Emigrant hat eine an der französischen Küche hoch trainierte Zunge, die sein Urteil beim Vergleich lenkt:

„Sind die britischen Schönen nicht ebenso gesund, nahrhaft, solide, konsistent, kunstlos und doch so vortrefflich wie Alt-Englands einfach gute Kost: Roastbeef, Hammelbraten, Pudding in flammendem Kognak, Gemüse in Wasser gekocht, nebst zwei Saucen, wovon die eine aus gelassener Butter besteht? Da lächelt kein Frikassee, da täuscht kein flatterndes Vol-au-vent, da seufzt kein geistreiches Ragout, da tändeln nicht jene tausendartig gestopften, gesottenen, aufgehüpften, gerösteten, durchzückerten, pikanten, deklamatorischen und sentimentalen Gerichte, die wir bei einem französischen Restaurant finden, und die mit schönen Französinnen selbst die größte Ähnlichkeit bieten! Merken wir doch nicht selten, daß bei diesen ebenfalls der eigentliche Stoff nur als Nebensache betrachtet wird, daß der Braten selber manchmal weniger wert ist als die Sauce, daß hier Geschmack, Grazie und Eleganz die Hauptsache sind."

Heines häufige Lobpreisungen des Hamburger Rauchfleisches färben auch auf sein Urteil über die Hamburgerinnen ab: *„Letztere fand ich durchaus nicht mager, sondern meistens sogar korpulent, mitunter reizend schön, und im Durchschnitt von* *einer gewissen wohlhabenden Sinnlichkeit, die mir beileibe! nicht mißfiel. Wenn sie in der romantischen Liebe sich nicht allzu schwärmerisch zeigen und von der großen Leidenschaft des Herzens wenig ahnen: so ist das nicht ihre Schuld, sondern die Schuld Amors, des kleinen Gottes, der manchmal die schärfsten Liebespfeile auf seinen Bogen legt, aber aus Schalkheit oder Ungeschick viel zu tief schießt, und statt des Herzens der Hamburgerinnen nur ihren Magen zu treffen pflegt.“*

Rezept

Hamburger Rauchfleisch:
Gepökeltes und kalt geräuchertes Rindfleisch mehrere Stunden wässern. Mit Faden umwickeln, damit es die Form bewahrt. In kaltem Wasser, das es immer bedecken muss, aufs Feuer setzen, in drei bis vier Stunden gar köcheln. Im Kochwassser abkühlen lassen, damit es saftig bleibt. In feinen Scheiben mit **Meerrettich-sahne** servieren.

Die Küche als Lust- und Lebensraum

Ehrenrettung der Frau am Herd

Die Küche war in Wahrheit das Palladium der Wirksamkeit dieser großen Hausfrau.

Iwan Alexandrowitsch Gontscharow, Oblomow

Die bekömmlichsten Antworten auf die existenzielle Frage nach Speise und Trank sind am Ort ihrer Entstehung zu finden, dort, wo – nach Schiller – die tüchtige Hausfrau waltet. Die Literatur nämlich entlarvt den verfestigten Irrtum, die Küche gehöre dem Manne als Maître der Haute Cuisine, während die Frau dort allenfalls Hausmannskost zubereite. Wo Dichter, dem Geheimnis der Gaumenfreuden auf die Spur zu kommen, in die Küche vordringen, stoßen sie dort in aller Regel auf die Frau: nicht nur als Hüterin des Herdfeuers, sondern auch als Schöpferin der auf ihm entstehenden zauberhaften Kreationen.

Gleichwohl wird, wer Gontscharows ›Oblomow‹ einst gelesen hat, sich der Ehefrau des Titelhelden und Mutter seines Sohnes vielleicht nur mit Mühe erinnern. Dabei ist Agafja Matwejewna Ilja Iljitsch Oblomow, dieser Fleisch gewordenen Passivität auf dem Kanapee, als Gegenbild des nimmermüden Schaffens nahezu ebenbürtig. Sie ist die Hausfrau an sich, wie sie die Küche beherrscht,

„wie sie ihre Befehle, das eine oder das andere herauszunehmen, hinzustellen, aufzuwärmen, zu salzen, donnerte, wie sie auf dem Markt mit einem Blick und allenfalls vermittels eines Fingers fehlerlos zu bestimmen wußte, wie alt ein Huhn sei, wann der Fisch aus dem Wasser gezogen, wann Petersilie oder Salat aus dem Gemüsegarten geholt wurden“.

Die Küchenmagd, um 1620/25. Im Hintergrund Christus bei Maria und Martha. Joachim Wtewael. USA, Privatsammlung.

Die Passion der Agafja Matwejewna ist ihre Küche. Hier erfüllt sich ihr Leben, hier werden ihre Sinne angesprochen: *„Wenn Agafja Matwejewna plötzlich die Tür des Schrankes auftat, der alle diese Dinge enthielt, so vermochte sie selber nicht dem Aroma aller dieser narkotischen Gerüche zu widerstehen und mußte für einen Augenblick ihr Gesicht abwenden. In der Vorratskammer waren Schinken an die Decke gehängt, damit die Mäuse nicht daran kämen; dann gab es da noch Käse, Zukkerhüte, gedörrte Fische, getrocknete Pilze in Säcken, Nüsse, die man bei einem Finnen gekauft hatte. Auf dem Fußboden standen Fässer voll Butter, große, verdeckte Bottiche mit saurem Rahm, Körbe mit Eiern – und was gab es da nicht alles? Es bedarf der Feder eines zweiten Homer, um mit ausführlicher Vollständigkeit alles herzuzählen, was hier in allen Winkeln aufgespeichert war und auf allen Regalen dieser kleinen Arche häuslichen Lebens stand und lag.“*

Das Sprichwort, die Liebe gehe durch den Magen, wäre eine zugespitzte Beschreibung für die differenzierte und subtile Beziehung zwischen dem Sofabewohner Oblomow und seiner Wirtin, die seine Ehefrau wird, zwischen dem passiven Genießer und der stets aktiven großen Hausfrau: *„Nach fünf Minuten kam aus dem Nebenzimmer ein nackter Arm zum Vorschein, der nur oberflächlich mit dem Schal bedeckt war, den Oblomow schon gesehen hatte, und die Hand präsentierte einen Teller, auf dem ein mächtiges Stück Pastete dampfte. ‚Ergebensten Dank‘, rief Oblomow freundlich, während er die Pastete in Empfang nahm; er warf einen Blick durch die Tür, und seine Augen blieben an dem hohen Busen und den nackten Schultern haften. Die Tür wurde eilig zugezogen.“*

Der träge Genießer Ilja Iljitsch Oblomow wird indes stärker inspiriert durch die Pastete seiner Wirtin als durch deren hohen Busen, wenn er erkennt: *„Man könnte ja schließlich auch hier leben… die Wirtschaft geht wie am Schnürchen.“*

Und: „*… der Tisch gedeckt, und das Essen so schmackhaft, so sauber serviert.*“ Für Agafja Matwejewna aber findet ihr Hausfrauendasein einen höheren Sinn; aus der gern erfüllten Pflicht, für Herrn Ilja Iljitschs Ruhe und Bequemlichkeit zu sorgen, erwächst ihr ehelicher Genuss. So finden ihrer beider Wünsche, nach gutem Essen einerseits und seiner Zubereitung andererseits, gemeinsame Erfüllung in der Harmonie des gedeckten Tisches. Der Ursprung des Glücks ist die Küche.

In ihr wird, wo der Geist die Sinne befruchtet, die Köchin zur Künstlerin, das Ergebnis ihrer Arbeit zum Kunstwerk. Wie ›In Swanns Welt‹ von Marcel Proust, wenn die Köchin zum Beschluss des sorgfältig komponierten Diners das Dessert serviert: „*Und nach alledem wurde uns auch noch, eigens für uns hergestellt, aber noch spezieller meinem Vater zugedacht, der sie besonders liebte, der Inspiration von Françoise entsprungen, von ihr als persönliche Aufmerksamkeit dargebracht, eine Schokoladencreme gereicht, flüchtig und leicht wie eine Gelegenheitsdichtung, auf die sie aber gleichwohl ihr gesamtes Können verwendet hatte. Wer etwas davon nicht gekostet hätte mit den Worten ‚Ich bin fertig, ich habe keinen Hunger mehr‘, wäre auf der Stelle in die Reihen jener Rohlinge hinabgesunken, die bei dem Geschenk, das ein Künstler ihnen macht, auf das Gewicht und das Material schauen, während doch nur der Geist und die Signatur das Entscheidende sind.*“

Wenn Françoise talentierte Künstlerin ist, dann steht Babette als geniale Künstlerin vor uns, die durch ihre Werke eine verlorene Welt glücklich gemacht hat. Welche Selbstverleugnung fordert das Schicksal von Babette Hersant, als sie zur politischen Emigrantin wird! Tania Blixen erzählt es in ›Babettes Gastmahl‹, einer der schönsten Novellen um die Kochkunst. Die Köchin des berühmten Café Anglais in Paris muß 1871 als Kommunardin fliehen. Sie findet Zuflucht in einem norwegischen Dorf. Dort wird sie Dienerin von zwei alten Jungfern, Töchtern eines pietistischen Propstes, die wenig

Zutrauen in sie als Köchin setzen: *„In Frankreich, das wußten sie, aßen die Leute Frösche. Sie zeigten Babette, wie man Stockfisch und Brotsuppe mit Bier zubereitet: während der Vorführung wurde das Gesicht der Französin völlig ausdruckslos."* Zwölf Jahre lang kocht Babette gezwungenermaßen so, wie es ein Choral des Propstes verheißt: *„Speis und Trank und schnöde Hülle / Kümmern Gottes Kinder nicht …"* Des Abends aber sitzt sie in der Küche *„tief in die Lektüre eines schweren schwarzgebundenen Buches versunken, von dem die Schwestern insgeheim argwöhnten, es müsse ein papistisches Gebetbuch sein"*. Dann, der hundertste Geburtstag des Propstes steht bevor, gewinnt Babette in der französischen Lotterie zehntausend Francs – und bittet die Schwestern um eine Gunst: *„Sie wolle, sagte sie, dieses eine Mal ein französisches Diner kochen, ein echtes französisches Diner."* Babette wird das Festessen für die leibfeindlichen Getreuen des Propstes bereiten, alles dafür Erforderliche per Schiff aus Frankreich kommen lassen und aus ihrem Lotteriegewinn bezahlen. Das Diner wird ein großer Erfolg, zumal die Gäste nicht wissen, dass die lebendig importierte Schildkröte die Grundlage der Suppe bildet. Nur ein pensionierter General, weltläufiger alter Gourmet, wittert buchstäblich etwas beim Sherry zur Suppe: *„… der feinste Amontillado, den ich je getrunken habe!"* Die Wahrheit schließlich dämmert ihm beim Hauptgang, *„Cailles en Sarcophage"*: Dieses Gericht hatte ihn einst vor langer Zeit in Paris begeistert, und sein Tischnachbar damals hatte zu berichten gewusst, *„das Gericht sei von dem Küchenchef des Cafés, in welchem sie speisten, persönlich erfunden. Diese Person gelte in ganz Paris als das größte kulinarische Genie der Gegenwart, und – kaum zu glauben! – es handle sich um eine Frau."* Aber auch die pietistischen Dorfbewohner werden durch Babettes Gastmahl um eine Erfahrung bereichert: *„Die Tafelnden wurden leichter an Gewicht und* *leichter von innen her, je mehr sie aßen und tranken.*" Und so verstehen sie auch die Tischrede des Generals: „*Gnade und Wahrheit, meine Freunde, sind einander begegnet, Rechtschaffenheit und Himmelssegen sollen vereint sein in einem Kuß.*"

Nach dem Festschmaus eröffnet Babette ihren Herrinnen, die nun ihre Rückkehr nach Paris erwarten, sie werde, müsse bleiben, denn die zehntausend Francs seien ausgegeben: „*Was wollen Sie, Mesdames*", sagte Babette, und viel Würde sprach aus ihren Worten, „*ein Diner für zwölf Personen im Café Anglais, das hat immer seine zehntausend Francs gekostet.*" Also bleibe sie nun arm für ihr Leben? Nein, erwidert sie, denn sie sei eine große Künstlerin: „*Eine große Künstlerin ist niemals arm. Wir haben etwas, Mesdames, wovon andere Leute nichts wissen.*" Nur die Gäste des Café Anglais, die Babette einst glücklich machte und die ihre im schwarz gebundenen Kochbuch festgehaltene Kunst anzuerkennen erzogen waren und die es nun nur noch in ihrer Erinnerung gab …

Rezept

… wie eine Gelegenheitsdichtung: **250 Gramm** beste **bittere Schokolade** und **50 Gramm Zucker** in **vier Esslöffel Milch** bei mäßiger Wärme schmelzen lassen. Nach leichtem Abkühlen nacheinander **vier Eigelb** mit einem Schneebesen einrühren, bis eine cremige Masse entsteht. Die **vier steif geschlagenen Eiweiß** vorsichtig unterheben. Vor dem Servieren gut kühlen.

Die beiden Gesichter des Dionysos

Trunkenheit und Betrunkensein

Auf denn, rühmen dem Brauche gemäß wir Bacchus im Preislied unserer Ahnen.

Vergil, Georgica

Mit Recht ist Dionysos, auch Bakchos oder Bacchus genannt, seit je als Gott des Weines verehrt worden. Wo immer er hinkam, hinterließ er den Weinanbau. Wenn neben dem Brot der Wein zum Grundnahrungsmittel der Menschen wurde, ist das nicht zuletzt dem antiken Gott zu danken. Allerdings hat das Dionysische auch einen rauschhaften Zug, dessen extreme Personifizierung von den Bakchen, den Mänaden und Bacchanten bis zu Goethes Trinkgesellschaft in Auerbachs Keller reicht („*Uns ist ganz kannibalisch wohl, als wie fünfhundert Säuen!*"). Mag sein, dass beim Sturztrunk der Einfluss von Silen nachwirkte. Der Erzieher des jungen Gottes war ein teils weiser, teils stets geiler alter Saufsack. Wie dem auch sei, die komplizierte griechische Mythologie lässt erkennen, warum die Wein trinkenden Verehrer und Anhänger des Dionysos in Zecher und Säufer, in weinselig Trunkene und sinnlos Betrunkene zu unterscheiden sind. Wobei die Grenze zwischen beiden Parteien fließend ist, um nicht zu sagen flüssig. Von den lallenden Anhängern des Bacchus mit der roten Säufernase, von diesem anderen Gesicht des Dionysos, soll geschwiegen sein, wenn von der schönen Ansicht des rebenbekränzten Gottes die Rede ist.

Denn auch die Bibel hat vor allem die erfreulichen, sogar gesundheitsförderlichen Eigenschaften des Weins betont. So, wenn im Alten Testament der Psalmist rät: „*Der Wein erquikke des Menschen Herz*"; oder

Bacchus. Caravaggio (eigtl. Michelangelo Merisi), 1593/94. Florenz.

wenn im Neuen Testament der Apostel Paulus seinem Briefpartner Timotheus empfiehlt: „*Trinke nicht mehr Wasser, sondern brauche ein wenig Wein um deines Magens willen und weil du oft krank bist.*“ Eine Empfehlung, der wir in der Literatur nicht selten begegnen. Jedes Kind kennt den Satz: „*Komm, Rotkäppchen, da hast du ein Stück Kuchen und eine Flasche Wein, bring das der Großmutter hinaus; sie ist krank und schwach und wird sich daran laben.*“

Die Literatur rechtfertigt den Wein natürlich nicht vornehmlich als Medizin. Die Dichter des 19. Jahrhunderts etwa ließen es sich – wahrscheinlich nach ausgepichten Selbstversuchen – angelegen sein, den Wein als Gesang förderndes Mittel zu verherrlichen und damit ihren komponierenden Zeitgenossen schönste Anregungen zu vermitteln. Von den einschlägigen Resultaten geben die Liederbücher Zeugnis, vor allem solche für die Männergesangvereine.

Exemplarisch dafür mögen jene Verse genannt sein, die Goethe für die Liedertafel seines Freundes Zelter anlässlich des Geburtstages der Königin Luise reimte. Das Gedicht ›Rechenschaft‹ beginnt eindeutig:

„*Frisch! der Wein soll reichlich fließen!*
Nichts Verdrießliches weh uns an!
Sage, willst du mitgenießen,
Hast du deine Pflicht getan?“

Zelter setzte die Verse flugs in Noten und konnte alsbald seinem Freunde in Weimar am 4. April 1810 vermelden: *„Man sang es animierter als das vorige Mal, man verstand es heut schon mehr. Zwischen jeder Strophe ward gezecht und gerufen: ‚Es lebe die Pflicht!' und die letzte Strophe mit derber Entschlossenheit wiederholt."*

So ähnlich ging es landauf, landab im ganzen 19. Jahrhundert zu, wobei in der sprichtwörtlichen Trias Wein, Weib und Gesang nur das weibliche Element zu kurz kam.

In seinem Versroman ›Eugen Onegin‹ läßt Puschkins Held wissen:

„... ich teile gern
Den Tag in Frühstück, Mittagessen
Und Abendbrot: die Zeit zu messen,
Heißt es in unsrer Öde nur:
Der Magen ist die beste Uhr.
Auch merk ich selber (doch ich bringe
Dies nur in Klammern hinterdrein),
Daß ich genauso oft von Wein
Und reichen Tafelrunden singe
Wie du, Homer, den alle Welt
Jahrtausende schon heilighält!"

Nun ist in der Literatur auch nicht mehr nur schlechthin vom Wein die Rede, sondern es wird spezifiziert und differenziert in nicht mehr überschaubarer Vielfalt. Vom Weißwein (Rheingau) abgesehen, haben die Dichter vor allem in die Flaschen mit französischen Gewächsen geguckt. Nochmals Goethe: Er lässt im ›Faust‹ seinen spießigen Bürger in Auerbachs Keller sagen: *„Ein echter deutscher Mann mag keinen Franzen leiden; Doch ihre Weine trinkt er gern."*

Besonders der Champagner und der Bordeaux haben es den Poeten angetan, wobei der Genuss des Rotweins für

Lebensreife steht. Wenn Onegin seinen Freund, den Dichter Lenskij mit Champagner bewirtet, fügt Puschkin seine für einen noch jungen Mann staunenswerte Erkenntnis an:

„Allein ich fühl's, daß meinem Magen
Sein toller Schaumgeist wenig frommt
Und daß mir heut in allen Lagen
Ein Glas Bordeaux viel mehr bekommt,
Champagner hat die gleichen Tücken
Wie Weiber, die mit Zauberblicken
Uns süß umgarnen – und geschwind
Enttäuschen, weil sie Blendwerk sind.
Doch du, Bordeaux, du gleichst dem schlichten
Erprobten Freund, der stets bereit,
Uns unsre Herzen jederzeit
Aus Gram und Sorgen aufzurichten.
Du machst Betrübte wieder froh,
Drum sei gepriesen, Freund Bordeaux!"

Ein halbes Jahrhundert später hat der in seinen politischen Schriften bedeutende Stilist, Gourmand und unter anderem große Champagnerfreund Otto von Bismarck den als erfolgreichen Romancier nahezu vergessenen Benjamin Disraeli, der den Preußen in seinem Roman ›Endymion‹ nur leicht verschlüsselt dargestellt hat und den er auf dem Berliner Kongress von 1878 als Gegenspieler der britischen Großmacht kennen gelernt hatte, folgendermaßen charakterisiert:

„Es war leicht, mit ihm ein Geschäft abzuschließen: innerhalb einer Viertelstunde wußte man genau, wie man mit ihm stand: die Grenzen, bis zu denen er zu gehen bereit war, waren genau und eindeutig gezogen; und eine schnelle Zusammenfassung brachte die Sache bald zum Abschluß… Ich muß sagen, daß er trotz seiner phantastischen Romanschreiberei ein fähiger Staatsmann ist."

Der Berliner Kanzler dürfte sich mit dem britischen Premierminister noch auf einem anderen Gebiet verstanden haben. Beide Staatsmänner waren den Freuden der Tafel, die in Flaschen nicht ausgeschlossen, äußerst zugetan und beide litten, vielleicht auch deshalb, unter einer labilen Gesundheit. Ende 1877 hatte, wie wir von Disraelis Biographen Robert Blake wissen, Ihrer Majestät Premier wieder einmal Depressionen, die das Londoner Klima noch förderte. Ein neuer Arzt, Homöopath, wählte eine neue Behandlungsmethode, strich den national üblichen Portwein, den Disraeli ohnehin wenig schätzte, und verschrieb dafür nebst einer Diät, leichtem Abendessen ohne Pastete, Pudding und Früchten den besten Château Laffite. Der Homöopath muss auch ein kluger Psycholog' gewesen sein. Denn für Disraeli war ein großer Bordeaux mehr als ein Schwarm oder willkommene Therapie. Er diente ihm auch als charakterologischer Maßstab. Den Botschafter des Zaren, einen starken Weintrinker, kennzeichnete er gleichwohl als jemand, der überhaupt nicht bordeaux-interessiert sei. Vor seiner letzten Wahl, die er verlor, widmete sich Disraeli dem Grand Château Margaux von 1870 aus dem Weinkeller seines Gastgebers, dessen exquisite Blume ihn seine Sorgen vergessen ließ. Er wurde ihm zum Dinner serviert, denn Disraeli verabscheute den barbarischen Brauch, zum Essen zweitklassige Bordeaux-Weine zu trinken und die erstklassigen Crus für die Zeit nach dem Essen zu reservieren.

Der Wein breitete sich in Europa vom Süden und dem Nahen Osten her aus. Doch verdient die Tatsache eine Fußnote, dass der griechische Gott Dionysos und sein Wein in der germanischen Mythologie so etwas wie eine Konkurrenz haben. Natürlich gab es im rauen Norden keinen Wein, aber doch Bier und Met. Im Gegensatz zum billigeren Bier für das kommune Germanenvolk war der Met, ein aus Honig, Wasser und Gewürzen hergestellter alkoholischer Trank, den Göttern vorbehalten. Sie sind so zahlreich wie in der griechischen Mythologie. Auch wird berichtet, dass es vom Met eine Art Grand Cru gab. Er war im Besitz des Göttervaters Odin, und sein Konsum verlieh die Gabe der Dichtkunst! Auf die Herstellung dieses Getränks soll hier aber nicht weiter eingegangen werden, nur kurz erwähnt sein, dass dabei außer Honig auch Speichel und Blut eine Rolle spielten. Kein Wunder, dass sich für seinen Lobpreis kein Vergil, geschweige denn die folgenden Legionen von Hymnendichtern gefunden haben, die seither ihre Kunst der Verherrlichung des Weins widmeten. Auch ist das „Wohl bekomm's“ für den Skaldenmet schwer vorstellbar. Das „Prosit“ blieb dem Wein vorbehalten.

Zwischen Eingang und Ausgang

Nahrungsaufnahme physiologisch

Dann beginnt das Essen und Trinken oder im allgemeinen die Einfuhr, die man von dem Augenblicke an zählen kann, wo die Nahrungsmittel in den Mund gelangen, bis zu demjenigen, wo sie in den Schlund schlüpfen. Auf diesem Wege, der nur einige Zoll lang ist, ereignen sich mancherlei Dinge.

Jean Anthelme Brillat-Savarin, Physiologie des Geschmacks

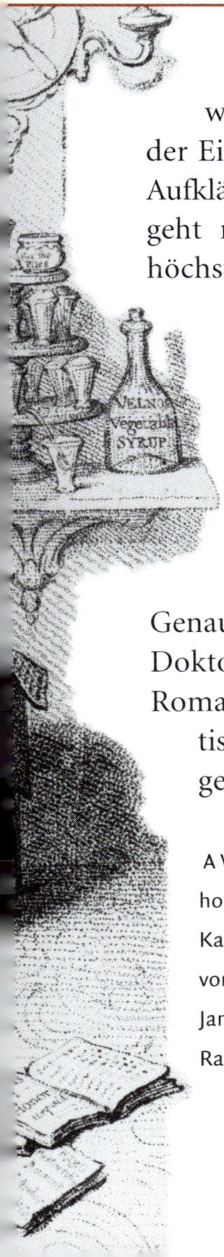

Sowohl des nur einige Zoll kurzen als auch des weiteren langen Weges, den Speis und Trank nach der Einfuhr zurücklegen, hat sich die Literatur seit der Aufklärung angenommen. Essen und Trinken sind eben, geht man dem Vorgang auf den Grund, auch eine höchst prosaische Angelegenheit. Dass die Freuden der Tafel den Federn der Poeten mehr Schwung verliehen als die Physiologie der Nahrungsaufnahme, steht auf jenem anderen Blatt, auf dem der Mund nicht so nüchtern-lexikalisch, wenngleich doppelsinnig definiert wird als „*Eingang in den Verdauungskanal, der beim Menschen auch zum Gesichtsausdruck beiträgt*" (Brockhaus 1971).

Genau so und nur so verstand den Mund aber schon der Doktor Katzenberger auf seiner Badereise. Jean Pauls Roman von 1808 zählt zu den ersten Werken der realistischen Literatur. Sein Titelheld lässt sich keine Gelegenheit entgehen, seinen streng rationalen Standpunkt kundzutun, indem er die Nahrungsaufnahme als rein physiologischen Vorgang und nichts anderes sieht und das auch noch bei Tische detailliert den übrigen, darob indignierten Gästen erläu-

A Voluptary under the horrors of Digestion. Karikatur auf den Prinzen von Wales, 1792, von James Gillray. Radierung, punktuiert.

tert. In der 38. Summula des Romans hat der Prosektor Katzenberger in seinem gutmütigen Gevatter, dem Zöllner Mehlhorn und dem Farsch, einer Frikadelle, die Mehlhorn verzehrt, geeignete Demonstrationsobjekte gefunden:
„*Indem Sie nun den Farsch da auf Ihrem Teller erblicken, so bekommt (bemerken Sie sich jetzt) die Parotis (hier ungefähr liegend) sowie auch die Speicheldrüse des Unterkiefers Erektionen, und endlich gießt sie durch den stenonischen Gang dem Farsche den nötigen Speichel zu, dessen Schaum Sie, wie jeder andere, bloß den ausdehnenden Luftarten verdanken. Ich bitte Sie, lieber Zoller, fortzukäuen, denn nun fließet noch aus dem ductus nasalis und aus den Tränendrüsen alles nach, woraus Sie Hoffnung schöpfen, so viel zu verdauen, als Sie hier verzehren…*"

Noch macht Gevatter Mehlhorn voller Respekt vor der wissenschaftlichen Kompetenz des Mediziners gute Miene zum argen Tischgespräch. Doch Katzenberger fährt fort:
„*… jetzt greift Ihr Trompetermuskel ein und treibt den Farsch unter die Zähne – Ihre Zunge und Ihre Backen stehen ihm bei und wenden und schaufeln hin und her – ausbeugen kann der Farsch unmöglich – auswandern ebensowenig, weil sie ihn mit zwei häutigen Klappen (Wangen im gemeinen Leben) und noch mit dem Ringmuskel oder Sphinkter des Mundes (dies ist nur Ihr erster Sphinkter, nicht Ihr letzter, damit korrespondierender, was sich hier nicht weiter zeigen läßt) auf das schärfste inhaftieren und einklammern – kurz, der Farsch wird trefflich zu einem sogenannten Bissen, wie ich sehe, zugehobelt und eingefeuchtet.*"

Katzenberger erspart seinem zum Objekt wissenschaftlichen Farschverzehrs gemachten Gevatter bis zum Verschlucken des Bissens nichts. Doch mit seinem Anerbieten, den peristaltischen Fortgang des Verzehrten ebenso kundig zu beschreiben, stößt er bei den übrigen Tischgästen auf keinerlei Gegenliebe. Mehlhorn aber, so heißt es lakonisch, schmeckte der Farsch inzwischen wie Teufelsdreck. Katzenberger ist der

Mann aus dem strengen mathematischen Heerlager, dem es im Leben nur um die Wissenschaft zu tun ist. Der Zyniker sieht den alleinigen Zweck von Essen und Trinken in dem damit in Gang gesetzten Verdauungsvorgang und Stoffwechsel.

In seiner ›Physiologie des Geschmacks‹ von 1826, die doch vor allem dem Studium der Tafelgenüsse gewidmet ist, sah es der berühmte französische Gastrosoph Brillat-Savarin ja kaum anders:

„Die Verdauung ist eine mechanische Operation und der Verdauungsapparat kann mit einer Mühle mit verschiedenen Mahlbeuteln verglichen werden, welche letztere aus den Nahrungsmitteln Alles ausziehen müssen, was zum Ersatz der verbrauchten Körperbestandteile gehört, um dann den ausgezogenen Rückstand zu entfernen.“

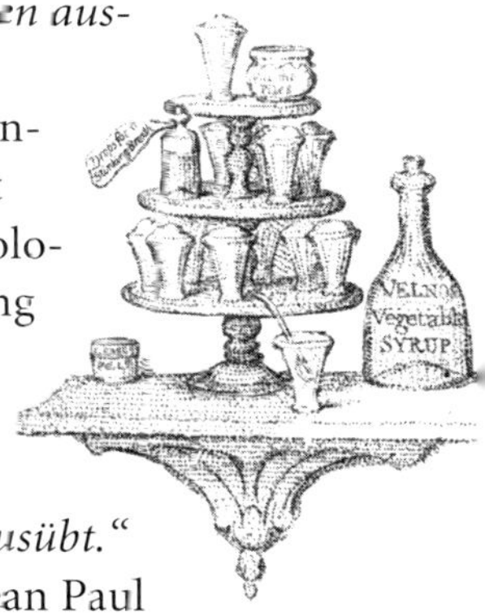

Aber anders als Jean Pauls Mediziner Katzenberger ist Brillat-Savarin kein Zyniker. Er glaubt vielmehr wie später der Philosoph der Anthropologie, Ludwig Feuerbach, an den Zusammenhang zwischen Körper und Geist:

„Unter allen Körpertätigkeiten ist die Verdauung diejenige, welche auf den moralischen Zustand des Individuums den größten Einfluß ausübt.“

Wie in ›Dr. Katzenbergers Badereise‹ von Jean Paul wird die Physiologie der Nahrungsaufnahme und -verarbeitung 121 Jahre später in Alfred Döblins ›Berlin Alexanderplatz‹ Gegenstand einer sorgfältig-exakten Beschreibung, hier jedoch im zeitgemäßen Stil des Großstadtromans. In einer Montagesequenz fällt eines der flackernden Schlaglichter auf den Erfrischungsraum eines Berliner Arbeitsgerichts:

„Ein junger, dicker Herr mit einer Hornbrille sitzt auf einem Stuhl und verzehrt das Mittagessen. Man sieht ihn an und stellt fest: er hat einen dampfenden Teller mit Roulade, Soße und Kartoffeln vor sich stehen und ist dabei, alles hintereinander zu

verschlingen. Seine Augen wandern hin und her über den Teller, dabei nimmt ihm keiner was weg, sitzt keiner in der Nähe, er sitzt ganz allein an seinem Tisch, aber doch in Sorge, zerschneidet, drückt an seinem Futter und schiebt es sich in den Mund, rasch, eins, eins, und während er schneidet, quetscht und schlingt, schnüffelt, schmeckt und schluckt, betrachten seine Augen, beobachten seine Augen den immer kleineren Rest auf dem Teller, bewachen ihn rundherum wie 2 bissige Hunde und taxieren seinen Umfang. Noch eins rin, eins raus. Punkt, jetzt ist er fertig, jetzt steht er auf, schlapp und dick, der Kerl hat alles glatt aufgefressen, jetzt kann er auch zahlen. Er faßt in die Brusttasche und schmatzt: ‚Fräulein was machts?' Dann geht der dicke Kerl raus, schnauft, macht sich hinten den Hosenbund locker, damit der Bauch gut Platz hat, Dem liegen gut 3 Pfund im Magen, lauter Eßsachen."

Der große Romancier Alfred Döblin war auch Arzt. Seiner in jedem Detail präzisen Beschreibung der Nahrungsaufnahme folgt die nicht minder genaue Darstellung dessen, was mit den „*gut 3 Pfund Eßsachen im Magen*" des dicken, jungen Herrn mit der Hornbrille nun geschehen wird:
„*Jetzt gehts damit los in seinem Bauch, die Arbeit, jetzt hat der Bauch damit zu schaffen, was der Kerl reingeschmissen hat. Die Därme wackeln und schaukeln, das windet sich und schlingt wie Regenwürmer, die Drüsen tun, was sie tun können, sie spritzen ihren Saft in das Zeug hinein, spritzen wie die Feuerwehr, von oben fließt Speichel nach, der Kerl schluckt, es fließt in die Därme ein, auf die Nieren erfolgt der Ansturm, wie im Warenhaus bei der Weißen Woche, und sachte, sachte, sieh mal an, fallen schon Tröpfchen in die Harnblase, Tröpfchen nach Tröpfchen. Warte, mein Junge, warte, balde gehst du denselben Gang hier zurück an die Tür, wo dransteht: Für Herren. Das ist der Lauf der Welt.*"

Was die Beschreibung des Essens als physiologischen Vorgang angeht, so spannt sich ein geschlossener literarischer Entwicklunsbogen über mehr als ein ganzes Jahrhundert vom Farsch-Verzehr bei Jean Paul bis zum Konsum einer Rindsroulade bei Alfred Döblin. Hier wie dort wird der Mund nicht gespitzt zu süßer Rede oder gar zum Kuss, sondern vollgenommen im wörtlichen Sinne und primär zum prosaischen Zweck der Nahrungsaufnahme, für den er eigentlich Mensch und Tier gegeben ist. Es ist eben der Eingang zum Verdauungskanal, der vom Schlund Brillat-Savarins über die vielen Zoll in den wackelnden Därmen von Döblins dickem, jungem Herrn bis an jenes Ziel führt, das Doktor Katzenberger den letzten, mit dem ersten korrespondierenden Sphinkter nennt.

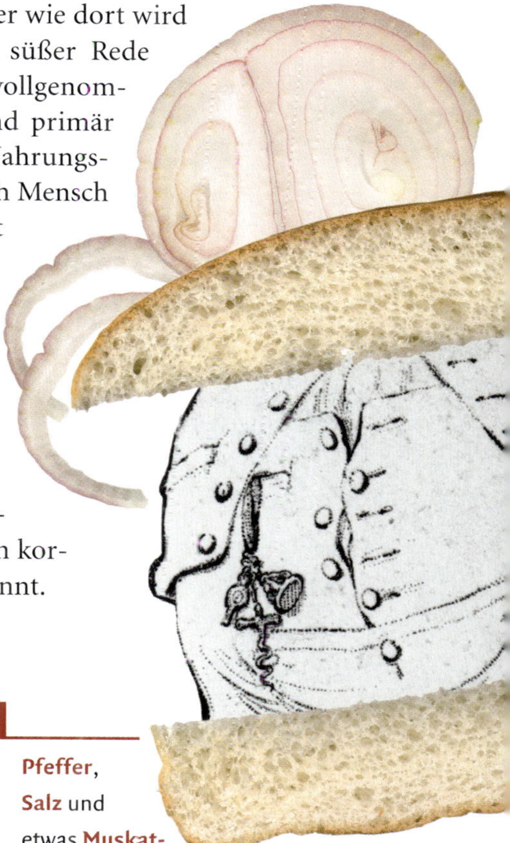

Rezept

Mehlhorns Farsch, edler Vorläufer des gemeinen Burgers:
500 Gramm gehacktes Kalbfleisch werden mit **ein bis zwei in Milch eingeweichten (und danach ausgedrückten) Semmeln**, fein gehackten **Schalotten**, **Pfeffer**, **Salz** und etwas **Muskatnuss** sowie **drei Eiern** gut zusammengerührt. Die aus dieser Masse geformten Frikadellen in **Butter** braten.

Das erotische Mahl

Benachbarte Sinnenfreuden

Vier oder fünf Austern später reichte ich Armellina, die auf meinem Schenkel saß, eine Auster und ließ sie geschickt in ihren Ausschnitt fallen.

Casanova, Geschichte meines Lebens

Gaumenlust und Erotik sind eng benachbarte Sinnenfreuden. Sie haben die Literatur, vom galanten Souper à deux bis zum orgiastischen Mahl, zu detaillierter wie umfassender Beschreibung angeregt. Petronius, Arbiter elegantiae am Hofe Neros, gilt als Erzvater dieser literarischen Gattung:

„Sobald wir in unserm Schlafzimmer waren, gieng ich mit meinem Liebling zu Bette. Ich hatte sehr reichlich geschmaust, und alle Adern und Nerven waren mir aufgeschwollen – ich ließ der Wollust die Zügel schießen.“

Der reiche Prasser. Josef Danhauser, 1836. Wien. Österreichische Galerie im Belvedere.

Das zentrale Stück des nur als Fragment überkommenen Satyrikons, ›Das Gastmahl des Trimalchio‹ mit einer Massenfressorgie, hat nicht nur literarisch Schule gemacht. Nach ihm inszenierten europäische Fürstenhöfe im 18. Jahrhundert auch gern ihre kulinarischen Lustbarkeiten.

Das erotische Mahl, ob als Souper à deux oder in einer zügellosen Massenlust, ist, recht besehen, zu allen Zeiten und jedenfalls bis ins 20. Jahrhundert nach einem Muster verlaufen. Es überstand auch den Epochenbruch der Französischen Revolution. Nur war es danach nicht mehr Privileg der Aristokratie. Don Giovanni lud zu Tafelfreude und Liebesspiel auf sein Schloss. Die Bourgeoisie hatte dafür ihre Salons und das Chambre séparée im diskreten Restaurant, wo dem verblichenen Vorbild des Adels nachgeschmaust und -geliebt wurde. Natürlich gab es zeitgebundene Varianten im erotischen Mahl. Balzac sah gar einen tiefen Abgrund klaffen zwischen dem Jahrhundert des Gargantua und seiner eigenen, postrevolutionären Zeit: *„Jenes bereitete lachend die Zerstörung vor – das unsere aber lacht inmitten von Ruinen.“* In ›La Peau de Chagrin‹ beschreibt Balzac eine solche Orgie *„inmitten von Ruinen“*:

„Die ausschweifendsten Verlockungen des Mahles erblichen vor dem erregenden Schauspiele, das der Gastgeber nun dem gierigsten ihrer Sinne bot. Unter den strahlenden Kerzen eines goldenen Lüsters zeigte sich plötzlich rund um einen mit vergoldetem Silbergerät überladenen Tisch eine Gruppe von Frauen den Gästen, deren Augen wie ebenso viele Diamanten aufblitzten.“

Am Ende sehen die Räume, in denen diese Orgie stattfindet, wie ein Schlachtfeld aus, übersät von Weintoten und -sterbenden:

„Die Atmosphäre war überhitzt vom Weine, von der Wollust und von Worten. Trunkenheit, Liebe, Raserei und Weltvergessen standen in den Herzen und den Gesichtern, waren auf die

Teppiche geschrieben und in der wüsten Unordnung ausgesprochen – und warfen über alle Blicke leichte Schleier, die in der Luft berauschende Dünste gewahren ließen … Da und dort verschwammen nun verschlungene Gruppen mit den Marmorgestalten, den Meisterwerken, die die Räume schmückten.“

Gibt es einen substanziellen Unterschied zwischen diesem Gastmahl und jenem, das Petronius schildert? Wohl so wenig wie zwischen der Verführung der Armellina durch Casanova, die er in der Geschichte seines Lebens unter vielen anderen erzählt, und jener von Frau Berta Garlan in dem verschwiegenen Chambre séparée eines Wiener Fin-de-siècle-Restaurants: *„In der Mitte des kleinen Zimmers stand ein Tischchen mit drei Gedecken, an der Wand ein blau-samtenes Sofa, gegenüber hing ein goldgerahmter, ovaler Spiegel, vor welchem Berta ihren Hut abnahm …*“

Die Tafelfreuden der Verführung in der Erzählung von Arthur Schnitzler ähneln denen in Casanovas Autobiographie. Dort heißt es:
„Von Austern und Champagner aufgemuntert, speisten wir köstlich. Es gab Stör und ausgezeichnete Trüffel …“

In Schnitzlers Erzählung gibt es zum Auftakt Sardinen und Kaviar, und erst dann bestellt Emil Champagner:
„Sie stießen mit den Gläsern an und tranken. Emil umschlang Berta und küßte sie. Dieser Kuß erinnerte sie an etwas …“

Am Ende gibt es zwischen diesen beiden erotischen Mählern bei aller Gemeinsamkeit in der aphrodisischen Wirksamkeit der aufgetischten Köstlichkeiten denn doch einen Unterschied: Auf Schnitzlers Frau Berta Garlan und ihren Emil, nicht aber auf Casanova und Armellina auf seinem Schenkel mag der Aphorismus von Karl Kraus zutreffen:
„Das Christentum hat die erotische Mahlzeit um die Vorspeise der Neugier bereichert und durch die Nachspeise der Reue verdorben.“

Das erotische Mahl, wenn davon noch die Rede sein kann, gibt sich nach dem Epochenbruch im 20. Jahrhundert allenfalls in der reduktionistischen Form des Tisches für zwei Personen im öffentlichen Restaurant oder am Tresen der Fastfood-Bude mit der abschließenden Frage: Wo frühstücken wir morgen früh, bei mir oder bei dir?

Erotik ist, war schon immer ein weites Feld, wie ein Blick auf ihre an den Grenzlinien schlüpfrig-schlammige Peripherie zeigt:

„... wir treten in einen reizenden und prachtvoll erleuchteten Saal; dort sehe ich drei Mönche und vier Mädchen um eine Tafel versammelt, bedient von vier anderen gänzlich nackten Frauen ...“

In des Marquis de Sade Roman ›Justine oder das Unglück der Tugend‹ halten sich, anders kann man es nicht sagen, vier Einsiedlermönche in einem einsamen Kloster acht Mädchen und Frauen für ihre sadistischen Ausschweifungen. Nicht ohne sie gut zu beköstigen:

„Unser Essen ist sehr gut und immer sehr reichlich; würden sie dadurch nicht eine Steigerung der Wollust bewirken, so fiele dieser Punkt vielleicht nicht so günstig aus, da aber ihre schmutzige Ausschweifung davon profitiert, sind sie darauf aus, uns mit Nahrung vollzustopfen: Wer gern peitscht, hat den Vorteil, daß wir dicker und

fetter sind, und wer, wie Jeronimus dir gestern erklärte, gern sehen möchte, daß die Henne Eier legt, sichert sich bei einer überreichlichen Verpflegung eine größere Menge davon. Infolgedessen bekommen wir vier Mahlzeiten serviert; zwischen neun und zehn Uhr gibt man uns ein Frühstück, immer Huhn mit Reis, rohe Früchte oder Kompott, Tee, Kaffee oder Schokolade; um ein Uhr kommt das Mittagessen auf den Tisch … eine vorzügliche Suppe, vier Vorspeisen, eine Fleischplatte und vier Zwischengerichte; jeder nimmt täglich eine Flasche Weißwein, eine Flasche Rotwein und eine halbe Flasche Schnaps in Empfang … Manchmal sind wir alle acht bei ihnen zu Tisch; zuweilen müssen vier von uns sie bedienen und essen dann hinterher …“

De Sade zeichnet seine sexuellen Höllenfahrten gern im Zusammenhang mit ebenso ausführlich dargestellten Gastereien, die aber merkwürdig unsinnlich bleiben. Sie geraten zu Zerrbildern des erotischen Mahls.

Seine sodomitische Variante wird bei der ›Riesendame der Oktoberwiese‹ von Joachim Ringelnatz augenzwinkernd ins Grotesk-Komische gewendet:

„Es nahte sich mit wohlgebornen Schritten
Der Elefant vom Nachbarzelt
Und sagte: ‚Emmy, schwerste Frau der Welt,
Darf ich um einen kleinen Beischlaf bitten?‘
Diskret entweichend konnte ich noch hören:
‚Nur zu! Beim Essen kann mich gar nichts stören.‘“

Hier wäre denn, ebenso augenzwinkernd, noch einmal Karl Kraus mit einem Aphorismus zu zitieren, der generell für jedes erotische Mahl Maßstab ist:

> *„Vieles, was bei Tisch geschmacklos ist, ist im Bett eine Würze. Und umgekehrt. Die meisten Verbindungen sind darum so unglücklich, weil diese Trennung von Tisch und Bett nicht vorgenommen wird.“*

Trüffel: Unter allen aphrodisischen Speisen steht die Trüffel im höchsten Ansehen. Brillat-Savarin sagt, „*daß dieser ausgezeichnete Knollen nicht allein einen himmlischen Geschmack hat, sondern auch, weil man in frommem Glauben ihm die Eigenschaft beimißt, eine Fähigkeit zu erhöhen, deren Übung von dem süßesten Vergnügen bereitet ist*“.

Rezept

Ein einfaches, aber sehr schmackhaftes, wenngleich durch den teuren Trüffelpreis nicht ganz billiges Tellergericht: **Schmale Nudeln (Fettucine)** al dente kochen, in reichlich **Butter** schwenken und darüber **Piemonteser (weiße) Trüffel** hobeln.

Schwarze Küche

Von Menschenfresserei

Siehst du, da hab ich einen großen Kessel mit Wasser aufsetzen müssen, wenn sie dich in ihrer Gewalt haben, so zerhacken sie dich ohne Barmherzigkeit, kochen dich und essen dich, denn es sind Menschenfresser.

Märchen der Brüder Grimm, Der Räuberbräutigam

Seit je haben Menschen ihresgleichen umgebracht. Dass die Opfer in der Regel nicht anschließend als Mahlzeit zubereitet und verzehrt wurden, hat wohl eine Hemmschwelle bewirkt, die genetisch höher angelegt ist als fürs Töten. Doch haben Menschen immer wieder Menschen gegessen – um einem Kult zu dienen, aus äußerster Not, in einem Rückfall in frühe Barbarei. Kannibalismus und seine schwarze Küche sind von der Literatur daher auch nicht ausgespart worden.

Die fernliegende mythische Zeit mit einer Menschenfresserei, wie sie in der Altsteinzeit aus kultischen Gründen offenbar vorkam, spiegelt sich noch in den alten Märchen, welche die Sammlungen der Brüder Grimm überliefert haben. So auch im Märchen ›Von dem Machandelboom‹, in dem die böse Stiefmutter den Stiefsohn in Stücke

Theodor de Bry: „Diesen Rost mag man bildlich für der Wilden Fleisch ... betrachten" (Menschenfresserei in Brasilien). Kupferstich.

hackt, dann in Sauer kocht und ihn derart zubereitet seinem ahnungslosen Vater auftischt, der sich den Sohn in Sauer wohlschmecken lässt. Des Sohnes Seele besingt als Vogel sein Schicksal:

„Mein Mutter, der mich schlacht, mein Vater, der mich aß…“

In existenziellen Grenzsituationen, wie sie der Dreißigjährige Krieg den leidenden Menschen schuf, konnte aus dem Märchen wohl grausige Realität werden. Ricarda Huch musste in ihrem Buch ›Der große Krieg in Deutschland‹, das nach historischen Quellen geschrieben wurde, nicht ihre Phantasie für den Kannibalismus einer Witwe in einem pestverseuchten Dorf bemühen: *„In Abwesenheit der Kinder zerhackte sie den Leichnam, machte ein Feuer und briet ein Stück, um es mit den ausgehungerten Kindern zu verzehren, wenn sie heimkämen.“*

In mythischer Vorzeit angesiedelt ist Schillers ›Bürgerlied‹; in ihm trifft die Göttin Ceres auf barbarische Menschen und ihre Rituale:

„Keine Frucht der süßen Ähren
Lädt zum reinen Mahle ein,
Nur auf gräßlichen Altären
Dorret menschliches Gebein.“

Es trifft die für die Feldfrüchte zuständige Göttin die Anthropophagen in einer einschlägigen Situation an:

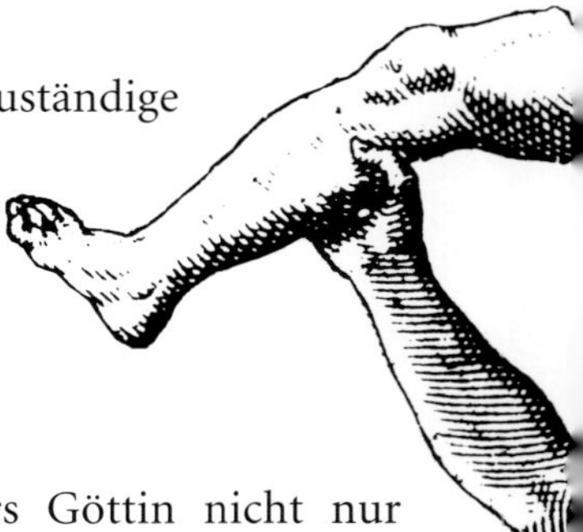

„Schweigend bei dem Siegesmahle
Findet sie die rohe Schar,
Und die blutgefüllte Schale
Bringt man ihr zum Opfer dar.“

Derartige Opfer weist Schillers Göttin nicht nur zurück, sondern bekehrt die Menschenfresser alsbald zum Ackerbau und damit zu manierlicher Ernährung. Der entscheidende Schritt zur Zivilisation ist getan, als die Voraussetzung zungen gegeben sind, die anthropophagische Küche mit göttlicher Hilfe durch neues Kochgeschirr zu ersetzen:

„Und es kommt der Gott der Esse,
Zeus' erfindungsreicher Sohn,
Bildner künstlicher Gefäße,
Hochgelehrt in Erz und Ton."

Der Kannibalismus lieferte Schiller die Vorlage für seine klassische Interpretation der Beziehungen zwischen Götter, und Menschenwelt in frühen Tagen, deren schönes Ergebnis auf die Abschaffung der Unsitte zielte, dass Menschen Menschen auffressen.

Knapp hundert Jahre vor Schiller bereitete der puritanische Engländer Daniel Defoe seinem schiffbrüchigen Romanhelden Robinson Crusoe auf der Insel, auf die es ihn verschlagen hat, eine unerfreuliche Überraschung. Robinson schaut durchs Fernglas und erblickt „*... nicht weniger als neun nackte Wilde rund um ein kleines Feuer sitzen, das sie angezündet hatten, nicht um sich zu wärmen, denn das hatten sie bei der außerordentlichen Hitze nicht nötig, sondern um ihr barbarisches Fressen aus Menschenfleisch zuzubereiten, das sie mit sich gebracht hatten, ob lebend oder tot, konnte ich nicht ausmachen.*"

Zunächst noch lebend frisch, wie Robinson bei nächster Gelegenheit erspäht, als „*zwei arme Teufel aus den Booten, wo sie anscheinend gelegen hatten, herausgezerrt und zur Schlachtbank geschleppt wurden. Einen davon sah ich sogleich zu Boden stürzen... und zwei oder drei fielen gleich über ihn her und schnitten ihn auf für ihre Küche.*"

Der andere entkommt und wird von Robinson zu seinem Gefährten Frei-

tag erkoren, nachdem er dem Wilden seinen Appetit auf Menschenfleisch mühsam ausgeredet und ihn zum Christen gemacht hat. Freitag nämlich erinnert sich zunächst noch an so manchen Festschmaus dieser Art, bei dem es ihm selbst gemundet hat; so, als einmal zwanzig Männer, zwei Frauen und ein Kind sozusagen auf der Karte standen.

Die in ferner Vergangenheit einst zur Tatsache gewordene, aber durch die Literatur immer wieder vergegenwärtigte Möglichkeit des Menschen, seinesgleichen nicht nur umzubringen, sondern auch zu verzehren, hat die Dichter stets und aus den verschiedensten Motiven bewegt. Die gehäuften Gräuel in Shakespeares ›Titus Andronicus‹ enden mit einer exzessiven Rachehandlung: der Hinrichtung von zwei Unholden und ihrer Zurichtung als Mahlzeit für deren ebenfalls schuldig gewordene Mutter:

„Jetzt reicht die Gurgeln her. – Lavinia, komm,
Fang auf den Strahl; und wenn ich sie entseelt,
Zerstampf ich ihr Gebein in feinen Staub
Und feucht es an mit dem verhaßten Blut,
Die Häupter einzubacken in den Teig.
Kommt, seid mir alle jetzt zur Hand, dies Mahl
Zu rüsten, das viel grimmer werden soll
Und blutiger als der Kentauren Schmaus.
(Er durchschneidet ihre Kehlen) So!
Nun tragt sie hin, ich mache selbst den Koch,
Sie anzurichten, bis die Mutter kommt.“

Wie dem Vater im Märchen vom Machandelbaum wurde hier der Mutter ihr eigen Fleisch und Blut ahnungslos „zum Fressen gern". Die unschuldige Metapher, jemand zum Fressen gern zu haben, besagt liebevolle Zuwendung und den Wunsch, sich den Partner ganz zu eigen zu machen. Des kannibalischen Gehalts ist sich die Metapher nicht mehr bewußt.

Hundert Jahre nach Shakespeares Tod hat der Ire und anglikanische Geistliche Jonathan Swift für die soziale und politische Satire einen nie wieder erreichten furchtbaren Höhepunkt mit einer Flugschrift zur irischen Frage gesetzt: *„Ein bescheidener Vorschlag, wie man die Kinder der Armen hindern kann, ihren Eltern oder dem Lande zur Last zu fallen, und wie sie im Gegenteil eine Wohltat für das Gemeinwesen werden können"*.

Swifts berühmte, später zum Kinderbuch versimpelten ›Gullivers Reisen‹, dieses Zeugnis scharfsinnigen Menschenhasses, wurden zu seiner Zeit als Tatsachenbericht gelesen. Sein *„Bescheidener Vorschlag"*, hunderttausend irische Kinder sollten *„nach ihrem ersten Lebensjahr vornehmen und reichen Leuten im ganzen Königreich zum Kauf angeboten werden"*, konnte sich in seinen präzisen Einzelheiten im Jahre 1720 fast ebenso schlüssig wie ein Gutachten zur Lösung eines Problembündels lesen, das Irland seinerzeit bedrückte. Swifts Vorschlag geht davon aus, *„daß ein gesundes, gut genährtes einjähriges Kind, sei es nun gedämpft, gebraten, gebacken oder gekocht und selbst als Frikassee oder Ragout eine sehr schmackhafte, nahrhafte und bekömmliche Speise ist"*, zumal wenn man seinem Rat gefolgt ist, *„die Kinder im letzten Monat reichlich zu säugen, damit sie für eine gute Tafel prall und fett werden"*.

Swift räumt ein, dass Kinder etwas teure Nahrungsmittel seien. Dass das grimmige Satire ist, schimmert nur durch, wenn der Autor bemerkt, gerade als kostspieliges Angebot sei das Kind für die Tafel der Großgrundbesitzer geeignet, da diese ja auch schon seine Eltern aufgefressen hätten. Andererseits sei dieses Essen auch ergiebig: *„Ein Kind wird bei einer Einladung von Freunden zwei Schüsseln ergeben. Speist die Familie allein, so wird ein Vorder- oder Hinterviertel ausreichen; mit ein wenig Pfeffer oder Salz gewürzt, wird es, besonders im Winter, auch noch am vierten Tag ganz ausgezeichnet munden.“*

Swifts Vorschlag lässt keine ökonomische, wirtschaftliche, demographische und ernährungstechnische Frage offen. Er spricht die verschiedenen Zubereitungsarten für das Kinderfleisch ebenso an wie die notwendige Einrichtung von Schlachthäusern in Dublin: *„Man kann sicher sein, daß es an Schlächtern nicht fehlen wird. Ich persönlich empfehle freilich, die Kinder lebend zu kaufen und gleich nach dem Schlachten wie Spanferkel herzurichten.“*

Bevor das zwanzigste Jahrhundert in Barbarei zurückfiel, die selbst Anthropophagie wiederkehren ließ, schien Menschenfresserei in so unwirkliche Ferne entrückt, dass Joachim Ringelnatz mit dem Entsetzen Scherz treiben konnte. In ›Silvester bei den Kannibalen‹ wird noch einmal die schwarze Küche zelebriert:

„Man trinkt eine Runde und noch eine Runde.
Und allen läuft das Wasser im Munde
Zusammen, auseinander und wieder zusammen.
Bis über den feierlichen Flammen
Die kleinen Kinder mit Zutaten
Kochen, rösten, schmoren und braten.
Nur dem Häuptling wird eine steinalte Frau
Zubereitet als Karpfen blau.
Riecht beinah wie Borchardt-Küche, Berlin,
Nur mehr nach Kokosfett und Palmin."

Dementis der Diät

Der russische Magen

Das Neueste ist jetzt Diät – Hunger soll wohl gesund sein? Weil die Konstitution dieser Deutschen so traurig ist, glauben sie gleich, sie können auch den Magen eines Russen auf die Art behandeln!

Nikolai Gogol, Die toten Seelen

Der einheimische Magen und seine Robustheit ist für die große Literatur des 19. Jahrhunderts der Russen mehr als ein bloßes Nebenthema. In ihm spiegelt sich der Nationalcharakter. Er ist vorzüglich in der Weite des russischen Reichs anzutreffen. In den ›Toten Seelen‹ beschreibt Gogol einen Landsmann, *„... der sich gleich auf der ersten Poststation eine gewaltige Ladung Schinken bestellt, auf der zweiten eine wahre Lastträgerportion Spanferkel und auf der dritten ein Riesenstück Störfleisch*

Im Refektorium. Gemälde, 1865/76 von Wassili Grigorjewitsch Perow. St. Petersburg.

oder eine in Teig gebackene Wurst mit Zwiebeln; und trotzdem darfst du diesen tüchtigen Mann zu x-beliebiger Stunde an den Eßtisch laden, die Sterletsuppe rauscht und strudelt in den Schlund hinab, und dazu beißt er in die Fleischpastetchen, daß man beim Zuschauen hungrig wird. Das nenne ich eine Himmelsgabe, um die man einen Christenmenschen wohl beneiden darf."

Solch gesegneter Appetit war allerdings in jenen Tagen schon nicht mehr in den Städten und bei ihren Bewohnern mit den empfindsameren Eingeweiden anzutreffen. Der zum Stadtmensch gewordene Dichter räumt im Blick auf das Fassungsvermögen des Provinzlers wehmütig ein:

„*Der Verfasser macht gar kein Geheimnis daraus, daß der gesunde Appetit und die gesunden Mägen solcher Leute von jeher seinen blassen Neid erweckten. Wie kümmerlich bedünken ihn im Vergleich hierzu die großen Herren in Petersburg und Moskau.*"

So sieht es bei seiner Rückkehr aufs Land auch Jewsej, der seinem Herrn einige Jahre in St. Petersburg hat dienen müssen. In Gontscharows ›Eine alltägliche Geschichte‹ berichtet er den staunenden Daheimgebliebenen:

„*Man kann nicht einmal erkennen, was man ißt. Die Deutschen legen ins Essen weiß Gott was hinein. Man möchte es gar nicht in den Mund nehmen. Nicht einmal der Pfeffer ist wie der unsre. Und in die Sauce tun sie etwas aus ausländischen Fläschchen hinein … Einmal traktierte*

mich der Koch von Pjotr Iwanitsch mit herrschaftlichem Essen. Drei Tage war mir davon übel.“

In Gogols ›Toten Seelen‹ demonstriert Sobakewitsch beim Essen soziale Selbstbehauptung und Abgrenzung: „*Hammelbraten mit Grütze. Das ist was anderes als das Hammelfrikassee, das man in Herrschaftshäusern kocht und wo das Fleisch dazu vorher vier Tage auf dem Markt herumliegt. Das haben sich bloß diese neunmalklugen Deutschen und Franzosen ausgedacht – aufhängen möchte man die Bande dafür!“*

Wie bei Mütterchen Russland gekocht und geschmaust wird, zeigt ein Frühstück, das Tschitschikow, dem Aufkäufer von toten Seelen, bei einer Gutsbesitzerin aufgetischt wird: „*Da gab es eingemachte Pilze, Pastetchen, Spiegeleier, Räucherfische, Pfannkuchen und Butterbackwerk jeder Art; mit Mohn, mit Quark, mit Zwiebeln, auch mit Fisch und, weiß der liebe Gott, was sonst noch allem. ‚Mürbeteigpastete mit gehacktem Ei, ich bitte schön!‘, sagte die Hausfrau. Tschitschikow machte sich über die Mürbeteigpastete mit gehacktem Ei her, führte sich die größere Hälfte davon behaglich schmatzend zu Gemüte … ‚Pfannkuchen, bitte schön!‘, sagte die Hausfrau. Als Antwort rollte Tschitschikow gleich drei Pfannkuchen auf einmal zusammen, tauchte sie in die ausgelassene Butter, beförderte sie in seinen Mund und wischte sich die Lippen und die Finger an der Serviette ab.“*

Einen raffinierten Höhepunkt der sinnenfrohen Schilderung quantitaiv wie qualitativ gewaltiger Mahlzeiten, die die russische Literatur aufgetischt hat, setzt am Ende des Jahrhunderts Anton Tschechows Novelle ›Sirenenklänge‹. Da kitzelt ein gewisser Schilin, Sekretär eines Friedensgerichts, die Geschmacksnerven seiner Mitglieder bloß durch die Schilderung von Speisen und Getränken, deren Zubereitung, ihrer Düfte und ihrer Wirkung so sehr, dass sich das Kollegium unter solchen lukullischen Sirenenklängen nach und nach auflöst, sozusagen verduftet. Während den Zuhörern Schilins wie den Lesern von Tschechows Novelle das Wasser im Munde zusammenläuft, zieht nur der Vize-Staatsanwalt, ein junger Deutscher, ein saures Gesicht. Es kommt zu einem Dialog zwischen ihm und Schilin:

„‚Zu meinem Unglück kann ich nicht mitfühlen – ich habe einen Magenkatarrh.' – ‚Ich bitte Sie, mein Herr! Den Magenkatarrh haben sich die Doktoren ausgedacht. Diese Krankheit kommt meistens von der Freidenkerei und vom Stolz. Beachten Sie sie nicht. Nehmen wir an, Sie haben keinen Hunger oder Ihnen ist nicht wohl – beachten Sie es nicht und essen Sie einfach. Wenn man Ihnen als Braten zum Beispiel Sumpfschnepfen vorsetzt, dazu vielleicht ein Rebhuhn oder fette Wachteln, dann vergessen Sie jeden Katarrh, mein heiliges Ehrenwort.'"

Die begeisterte wie begeisternde Rede des Sekretärs Schilin bietet den kompletten Überblick eines russischen Menüs, einschließlich der Anweisungen zu seiner Herstellung. Nach dem einleitenden Wodka – *„sofort sprühen vom Magen aus Funken durch den ganzen Körper"* – folgt der so genannte Zubiss:

„‚Der beste Zubiß bleibt, wenn Sie es wissen wollen, der Hering. Sie essen also ein Stück Hering mit Zwiebeln und Senfsoße nach, und zwar sofort, mein Bester, solange noch im Magen die Funken sprühen, dann Kaviar ohne alles oder, wenn Sie mögen, mit Zitrone, dann ganz gewöhnlichen Rettich mit Salz und schließlich wieder Hering; das Beste aber sind und bleiben gesalzene Reizker, klein gewiegt wie Kaviar und wissen Sie, mit Zwiebeln und Olivenöl angerichtet… hinreißend! Oder auch Quappenleber – geradezu eine Tragödie!' ‚Hm, ja …' pflichtete der Ehrenrichter ihm bei und blinzelte. ‚Ein guter Zubiß sind… na… auch geschmorte Steinpilze.' ‚Ja, ja, ja…mit Zwiebeln! wissen Sie, Lorbeer und allerlei Spezereien. Man nimmt den Deckel von der Kasserolle, und mit dem Dampf steigt auch der Pilzge-

ruch auf … da kommen einem manchmal geradezu die Tränen! Nun ja, sobald man also aus der Küche die Pastete bringt, ist also gleich und unverzüglich der zweite Wodka fällig.'"

Und der ist angesichts der folgenden Pastete auch nötig: *„Die Pastete muß appetitlich sein, schamlos wie eine nackte Schöne, damit Sie der Versuchung nicht widerstehen. Man zwinkert ihr zu, schneidet sich ein gehöriges Stück ab und bewegt im Überschwang der Gefühle so ein bißchen die Finger. Man macht sich über sie her, und die Butter quillt aus ihr hervor – gleich Tränen; die Füllung aber ist fett, aus Eiern, Innereien und Zwiebeln …"*

Es folgen, in aller appetitanregenden Ausführlichkeit beschrieben, die Suppe, der Fisch, der Braten. Dazu rät Sekretär Schilin, das Männchen mit dem kurzen Backenbart und der genusssüchtigen Miene: *„Man nimmt eine junge Ente, die gerade vom ersten Frost berührt worden ist, und brät sie auf der Pfanne mit Kartoffeln, wobei aber die Kartoffeln kleingeschnitten sein müssen, damit sie sich mit Entenfett vollsaugen."*

Nun ist auch der magenkranke deutsche Staatsanwalt überwältigt. Er seufzt – ein Stück Ente vertrüge wohl auch er.

Notabene: In seinen letzten Lebenstagen hat Anton Tschechow das durchgängige Urteil der russischen Literatur über die deutsche Küche revidiert, nachdem er sie am eigenen Leibe erfahren hatte.

In Briefen aus Badenweiler, wo er gestorben ist, schreibt der Dichter: *„Die Deutschen seien dafür bedankt, sie lehrten mich, wie und was man essen soll."* Und: *„Nirgends habe ich noch so gutes Brot gegessen wie bei den Deutschen. Und sie füttern einen ungewöhnlich gut."*

Doch was Essen und Trinken in Tschechows Russland anging, so bleibt stehen, dass bei ihrer Beschreibung „*eine Fata Morgana von Düften und Gerüchen*“ entsteht – wie beim Genuss des hausgemachten Gewürzbranntweins, den Tschechows Sekretär Schilin so innig anzupreisen weiß.

Rezept

Borschtsch: Es gibt zahlreiche Rezepte für diese Suppe, die zu jedem russischen Essen gehört. Für die bekömmliche klare Version, die auch dem deutschen Magen frommt, ist die Grundlage gesäuerter Rübensaft: Ca. 1,5 Kilogramm gut gewaschene **rote Rüben** schälen, in dünne Scheiben schneiden, in ein Glasgefäß legen und mit lauwarmem Wasser bedecken; darauf **eine Scheibe Schwarzbrot** tun, um den Prozess der Säuerung (die ohne jeden Essig auskommt) zu beschleunigen; das Gefäß mit Gaze abdecken und an einen warmen Küchenplatz stellen; nach einigen Tagen den Schaum an der Oberfläche vorsichtig abschöpfen und den klaren, gesäuerten roten Rübensaft auf Flaschen abziehen. Zu einer Gemüsebrühe werden **Sellerie, Petersilienwurzeln, Möhren, Lauch, eine Zwiebel** mit **vier**

geschälten und in dünne Scheiben geschnittenen roten Rüben, zehn Körnern schwarzem Pfeffer, zwei Pimentkörnern und einem Stückchen Lorbeerblatt gar gekocht. In einem anderen Topf werden mit zwei Tassen Wasser **50 Gramm getrocknete Steinpilze** gekocht. Gemüse- und Pilzbrühe durch ein Sieb geben und zusammengießen. Dazu wird ein Drittel des gesäuerten Rübensafts gegeben. Das Ganze erhitzen, aber nicht kochen lassen. Mit **Salz, einer Prise Zucker, einem Glas Rotwein** abschmecken und mit einer **geriebenen Knoblauchzehe** eine Viertelstunde vor dem Anrichten aromatisieren. Dazu **Teigtaschen**, gefüllt mit den gekochten Steinpilzen, reichen. Dazu nach Bedarf ein Glas **Wodka**.

Lebensweisheit aus Topf und Pfanne

Ohne gutes Herz kein guter Braten

Junge Hähnchen, sanft gebraten
Dazu kann man dringend raten,
Und man darf getrost inzwischen
Etwas Rheinwein untermischen.

Wilhelm Busch, Abenteuer eines Junggesellen

Nicht wenige seiner heiter-ironischen Maximen und Reflexionen hat Wilhelm Busch bei Tisch und in der Küche gefunden:

„Gar lieblich dringen aus der Küche
Bis an das Herz die Wohlgerüche.
Hier kann die Zunge fein und scharf
Sich nützlich machen, und sie darf!
Hier durch Gebrötel und Gebrittel
Bereitet man die Zaubermittel
In Töpfen, Pfannen oder Kesseln …"

Bis in ›Eduards Traum‹, diesem Stück früher absurd-surrealistischer Prosa, dringen Küche und Speisekammer: *„Der Lärm war groß. Die Menge wuchs. 50 Stück gesalzene Heringe, 1/2 Schock Eier, 3 Dutzend Harzkäse, 1 Pulle Schnaps, 3/4 Pfund Amtbutter, 2 Pfund Bauernbutter, 15 Lot Schnupftabak und zahlreiche Ditos vermehrten den Aufruhr."* Der Weise von Wiedensahl, wie Busch am Ende seines Lebens genannt wurde,

Wilhelm-Busch-Illustration aus:
Das goldene Wilhelm-Busch-Album.

hat eine Zeit lang intensiv Schopenhauer gelesen. Es wäre erklärlich, dass für ihn in der Küche die Welt als Vorstellung und als Wille, dessen Objektivation der Leib ist, am ehesten übereinstimmten:

„Es wird mit Recht ein guter Braten
Gerechnet zu den guten Taten;
Und daß man ihn gehörig mache,
Ist weibliche Charaktersache.
Ein braves Mädchen braucht dazu
Mal erstens reine Seelenruh,
Daß bei Verwendung der Gewürze
Sie sich nicht hastig überstürze.
Dann zweitens braucht sie Sinnigkeit,
Ja, sozusagen Innigkeit,
Damit sie alles appetitlich,
Bald so, bald so und recht gemütlich
Begießen, drehn und wenden könne,
Daß an der Sache nichts verbrenne.
In Summa braucht sie Herzensgüte,
Ein sanftes Sorgen im Gemüte,
Fast etwas Liebe insofern,
Für all die hübschen, edlen Herrn,
Die diesen Braten essen sollen
Und immer gern was Gutes wollen.
Ich weiß, daß hier ein jeder spricht:
Ein böses Mädchen kann es nicht.
Drum hab ich mir auch stets gedacht
Zu Haus und anderwärts:
Wer einen guten Braten macht,
Hat auch ein gutes Herz.“

In der ›Frommen Helene‹ wird beiläufig eine Binsenwahrheit mitgeteilt:

„Denn Spargel, Schinken, Koteletts
Sind doch mitunter auch was Nett's."

„Bis auf weiteres" jedenfalls, wie ein Gedicht überschrieben ist; denn solange *„jeder nagt nach Art der Kannibalen"*, werden der Verzehr des guten Bratens, des Schinkens und der Koteletts von der unterbewussten Erkenntnis begleitet, der Wilhelm Busch nüchtern Worte verleiht:
„Das Messer blitzt, die Schweine schrein,
Man muß sie halt benutzen,
Denn jeder denkt: Wozu das Schwein,
Wenn wir es nicht verputzen?"

Es geht im Zweifelsfall auch fleischlos. In seiner Bildergeschichte ›Der heilige Antonius von Padua‹ singt Busch das Lob des kirchlichen Fastengebots aus der Sicht des jungen Antonius:
„Boullion und Fleisch und Leberkloß,
Das war ihm alles tutmämschos.
Dagegen jene milden Sachen,
Die wir aus Mehl und Zucker machen,
Wozu man auch wohl Milch und Zimt
Und gute, sanfte Butter nimmt
Ich will mal sagen: Mandeltorten,
Dampfnudeln, Krapfen aller Sorten,
Auch Waffel-, Honig-, Pfannenkuchen
Dies pflegt' er häufig aufzusuchen."

„Ab ovo" ist bei Wilhelm Busch durchaus wörtlich zu verstehen: Mit dem Ei beginnt vieles, auch als Stufe zu seinem höheren Daseinszweck:
„Das weiß ein jeder, wer's auch sei,
Gesund und stärkend ist das Ei –
Nicht nur in allerlei Gebäck,
Wo es bescheiden im Versteck;

Nicht nur in Soßen ist's beliebt,
Weil es denselben Rundung gibt;
Nicht eben dieserhalben nur
Nein, auch in lieblicher Statur,
Gerechtermaßen abgesotten,
Zu Pellkartoffeln, Butterbroten,
Erregt dasselbe fast bei allen
Ein ungeteiltes Wohlgefallen;
Und jeder rückt den Stuhl herbei
Und spricht: ‚Ich bitte um ein Ei.'"

Das Huhn genießt in vielerlei Hinsicht die Wertschätzung des Wiedensahler Philo- und Gastrosophen, wenngleich oder vielleicht weil ihm so oft am Ende immer übel mitgespielt wird:
„Mancher gibt sich viele Müh'
Mit dem lieben Federvieh;
Einesteils der Eier wegen,
Welche diese Vögel legen.
Zweitens: weil man dann und wann
Einen Braten essen kann."

Einesteils, aber für Wilhelm Busch doch überwiegend der Eier wegen, die ihm Conditio sine qua non sind:
„Denn wo kein Ei, da ist's vorbei
Mit Rührei und mit Kandisei."

Vorbei vor allem mit dem guten Pfannekuchen. Er ist sozusagen das Zentralgestirn am kulinarischen Himmel von Busch:

„Zum Beispiel könnt er lange suchen
Nach solchen guten Pfannekuchen.
Hierin ist Doris ohne Fehl.
Stets nimmt sie einen Löffel Mehl,
Die nöt'ge Milch, dazu drei Eier,
Ja vier sogar, wenn sie nicht teuer,
Quirlt dies sodann und backt es braun
Mit Sorgfalt und mit Selbstvertraun;
Und jedesmal spricht Knopp vergnüglich:
‚Der Pfannekuchen ist vorzüglich!'"

Aus Tobias Knopp spricht ganz persönlich Wilhelm Busch; in seiner Gedichtsammlung ›Zu guter Letzt‹ findet sich ein langes Poem ›Pfannkuchen und Salat‹. Es enthält nicht nur das am Schluss dieses Kapitels zitierte Rezept, sondern auch subtile literarische Zeitkritik:

„Von Fruchtomletts, da mag berichten
Ein Dichter aus den höhern Schichten.
Wir aber, ohne Neid nach oben,
Mit bürgerlicher Zunge loben
Uns Pfannekuchen und Salat
Wie unsre Liese delikat
So etwas backt und zubereitet,
Sei hier in Worten angedeutet."

Doch erhebt Wilhelm Busch für sein Leibgericht keinen kulinarischen Alleinvertretungsanspruch, wie die Verse in der ›Geschmacksache‹ aus seiner späten Gedichtsammlung bekunden:

„Dies für den und das für jenen,
Viele Tische sind gedeckt.
Keine Zunge soll verhöhnen,
Was des andern Zunge schmeckt.

Lasse jedem seine Freuden,
Gönn ihm, daß er sich erquickt,
Wenn er sittsam und bescheiden
Auf den eignen Teller blickt."

Rezept

Lieses Pfannekuchen-Rezept
von Wilhelm Busch:
Drei Eier, frisch und ohne Fehl,
Und **Milch** und **einen Löffel Mehl**,
Die quirlt sie fleißig durcheinand
Zu einem innigen Verband ...
Nachdem das Feuer leicht geschürt,
Die Pfanne sorgsam auspoliert,
Der **Würfelspeck** hineingeschüttelt,
So daß es lustig brät und brittelt,
Pisch, kommt darober mit Gezisch
Das ersterwähnte Kunstgemisch.
Nun zeigt besonders und apart
Sich Lieschens Geistesgegenwart,
Denn nur zu bald, wie allbekannt,
Ist solch ein Kuchen angebrannt.
Sie prickelt ihn, sie stockert ihn,
Sie rüttelt, schüttelt, lockert ihn
Und lüftet ihn, bis augenscheinlich
Die Unterseite eben bräunlich,
Die umgekehrt geschickt und prompt
Jetzt ihrerseits nach oben kommt.
Geduld, es währt nur noch ein bissel,
Dann liegt der Kuchen
in der Schüssel ...

Das Schicksal als Tischgast

Der Löffel als Lebenskompass

Und wie sie die Löffel zur Hand nahmen, fiel im Garten draußen das Orchester mit einem gewalttätigen Musikstück ein, daß die Kinder in dem Posaunen- und Paukengewitter die ersten Löffel mit einer seltsamen Mischung von Heißhunger und Herzensjubel zum Munde führten.

Gottfried Keller, Martin Salander

In Gottfried Kellers Werken klopft das Schicksal mit dem Löffel an die Pforten der Lebenswege. Nicht immer freilich schmettert dazu ein ganzes Orchester die Begleitmusik, so wie bei der unverhofften Heimkehr Martin Salanders nach jahrelanger Abwesenheit, als er Frau und Kinder bei leerer Küche und leerem Keller mit ebensolchem Magen vorfindet und deshalb als Erstes zum Essen ausführt. Im Roman ›Martin Salander‹ erweisen sich schließlich gar kindlich erschnappte Schinkenbrötchen als geheime Wegzeichen für spätere Lebensbahnen, und der gedeckte Tisch wird zum Ausgangspunkt für Menschenschicksale. In nicht wenigen Texten Kellers wendet oder erfüllt sich gar das Schicksal für eine Familie, ein Paar oder den Einzelnen bei Tisch.

Hier erfährt das arme Schneiderlein Wenzel Strapinski die Wahrheit des Wortes „Kleider machen Leute", als ihm, wegen seines schmucken Habits in Herkunft und Vermögen verkannt, im Gasthaus ein umfängliches Menü aufgenötigt wird, das er weder bestellt hat noch bezahlen kann. Was und wie er in seiner Verlegenheit isst, führt ihn schicksalhaft in eine andere Identität:
„Abermals lief der Wirt in die Küche und rief: ‚Köchin! Er ißt die Pastete auf, während er den Braten kaum berührt hat! Und den Bordeaux trinkt er in halben Gläsern!' – ‚Wohl bekomm' es ihm', sagte die Köchin, ‚lassen Sie ihn nur machen, der weiß, was Rebhühner sind! Wär' er ein gemeiner Kerl, so hätte er sich an den Braten gehalten!'"

Rebhuhn. Cornelius Biltius, undat. Dresden, Gemäldegalerie.

Wenzels Schicksalswende bei diesem Mahle führt am Ende märchenhaft zum Guten.

Jäh erfährt auch des Schmollers Pankraz Lebensweg beim und durch das Essen eine unvorhersehbare Richtung: Der Knabe geht ohne Abschied in die Fremde, weil ihm die kleine Schwester regelmäßig den Anteil aus der gemeinsamen Breischüssel zu kürzen weiß. Erst nach Jahrzehnten taucht er als gemachter Mann wieder daheim auf – mit einem Korb guter Weine und Viktualien. Der Schmoller ist wieder da, wo er Mutter und Schwester verließ, bei Tisch:

„So brauchte die Mutter nur den Tisch zu decken und Pankraz trug auf, einige gebratene Hühner, eine herrliche Sülzpastete und ein Paket feiner Kuchen: ja noch mehr!"

Tragödie und Komödie: Mit gemeinsamen Mahlzeiten wie in einer Ehe feiern Romeo und Julia auf dem Dorfe noch einmal das Leben, bevor sie gemeinsam den Tod suchen. In der komischen Novelle von den drei gerechten Kammmachern erweist sich, dass auf der schnellen Lebensbahn das Essen alles andere als eine Nebensache ist. Die, wenn sie zusammen mit Wasser genossen, in ihrer Wirkung bekannten Backbirnen und Dörrpflaumen können gar zu schrecklichen Waffen der Nemesis werden: So wird das Schicksal der drei gerechten Kammmacher von der Jungfer Züs Bünzlin entschieden wie weiland das endliche Schicksal der Troer auf dem Berge Ida, als Paris im göttlichen Schönheitswettbewerb der Aphrodite den Apfel reicht.

In einer anderen Novelle Kellers sieht die Titelheldin Frau Regel Amrain in der weiblichen Küchenleidenschaft und ihren Auswirkungen auf die Ernährung des Kindes den Ursprung mancher späteren Fatalität. Sie ist überzeugt:

„Nur die entsetzliche Wichtigtuerei und Breitspurigkeit, mit welcher die meisten guten Frauen die Lebensmittel und deren Bereitung behandeln, erweckt gewöhnlich in den Kindern jene

Gelüstigkeit und Tellerschleckerei, die, wenn sie groß werden, zum Hang nach Wohlleben und zur Verschwendung wird. Sonderbarerweise gilt durch den ganzen germanischen Völkerstrich diejenige für die beste und tugendhafteste Hausfrau, welche am meisten Geräusch macht mit ihren Schüsseln und Pfannen und nie zu sehen ist, ohne daß sie etwas Eßbares zwischen den Fingern herumzerrt; was Wunder, daß die Herren Germanen dabei die größten Esser werden, das ganze Lebensglück auf eine wohlbestellte Küche gegründet wird und man vergißt, welche Nebensache eigentlich das Essen auf dieser schnellen Lebensfahrt sei."

Solche Lebenssentenz scheint vom Geiste Calvins gesalbt. Doch die resche Frau, die Keller mit so viel Sympathie beschreibt, hat nur die Schlussfolgerungen aus ihrem eigenen Schicksal ins Allgemeine überhöht. Auch in ihrem Falle hat sich ihr Gatte und der Vater ihrer Kinder davongemacht: „*Ein ansehnlicher Mann, der eine ansehnliche Menge Fleisch, Fische und Wein verzehren mußte*", aber als Geschäftsmann versagt hat. Dem abgängigen Ehemann und seinem Bauch geht es freilich nach wie vor gut:

„*Man wird selten sehen, daß es großen, schweren Männern schlecht geht, weil sie eine durchgreifende und überzeugende Gabe besitzen, für ihren anspruchsvollen Körperbau zu sorgen, und die Nahrungsmittel können sich demselben nicht lange entziehen, sondern werden von dem Magnetgebirge des Bauches mächtig angezogen. So fraß sich der landflüchtige Amrain auch glücklich durch die Fernen, und obgleich er nichts Großes mehr wurde, aß und trank er doch irgendwo in der Fremde so weidlich wie zu Hause.*" Wo dem verlorenen Vater bei seiner späten Heimkehr zwar kein Kalb geschlachtet, aber eine solide Mahlzeit serviert wird.

Wenn Gottfried Keller sein jugendliches Alter Ego, den „grünen Heinrich", schon früh Interesse für Nahrungsdinge und *„manche Einsicht in die Beschaffenheit derselben“* bekennen lässt, dann bezieht sich das durchaus auf das innere Eigenwesen der Speisen und ihre geheimnisvolle Beziehung zum Menschen. Im ersten Teil des großen Romans erkennt der junge Heinrich Lee den Charakter der Köchin aus ihren Speisen:

„– welcher das genäschige oder nüchterne, weichliche oder spröde, hitzige oder kalte, das verschwenderische oder geizige Wesen der Köchin ausspricht …: ich meinerseits, als ein frühzeitiger Kenner, habe aus einer bloßen Fleischbrühe den Instinkt geschöpft, wie ich mich zu der Meisterin derselben zu verhalten habe.“

Die Bedeutung, die Gottfried Keller Essen und Trinken für die Menschen, ihre Beziehung zueinander und ihre schicksalhafte Verknüpfung miteinander beimisst, beschwört, zumal im ›Grünen Heinrich‹, mythische Bilder:

„Dann setzte sie Wein und Brot auf den Tisch, stand lächelnd, bis ich getrunken und gegessen hatte.“

Judit, eine der großen Frauengestalten der Literatur, erscheint als ewige Wiederkehr des Eva-Bildes in ihrem vom Nebel geheimnisvoll verhüllten Apfelgarten:

„‚… komm, ich habe schöne Äpfel!‘ Sie ging mir voran zu einem Baume, dessen Äste und Blätter edler gebaut schienen, als die der übrigen, stieg auf einer Leiter einige Sprossen hinan und brach einige schön geformte Äpfel. Einen davon, der noch im feuchten Dufte glänzte, biß sie mit ihren weißen Zähnen entzwei, gab mir die abgebissene Hälfte und fing an, die andere zu essen. Ich aß die meinige ebenfalls und rasch; sie war von der seltensten Frische und Gewürzigkeit, und ich konnte kaum erwarten, bis sie es mit dem zweiten Apfel ebenso machte. Als wir drei Früchte so gegessen, war mein Mund so süß erfrischt, daß ich mich zwingen mußte, Judit nicht zu küssen und die Süße von ihrem Munde noch dazu zu nehmen.“

Rezept

Rebhuhn-Terrine: Das ausgelöste **Brustfleisch eines jungen Rebhuhns pfeffern, salzen** und in **Butter** anbraten. Das übrige von Knochen gelöste Fleisch mit **zwei Teilen Schweinefleisch, davon die Hälfte Speck, einem Teil Kalbfleisch, einem Teil Geflügelleber**, fein durchgedreht, mit **zwei Eiern** zu einer Farce verrühren. Mit einer in Butter **gedünsteten Schalotte** und Salz, Pfeffer, je einer Prise gemahlenem **Piment, Nelken, Muskatnuss** sowie **einem Glas Cognac** würzen. Die Hälfte dieser Farce in eine mit **fein geschnittenen Speckscheiben** ausgekleidete Terrinenform füllen, Brustfleisch darauf legen und mit der anderen Hälfte der Farce auffüllen. Mit Speckscheiben zudecken und mit dem Terrinendeckel verschließen. Terrine ins Wasserbad stellen und bei mittlerer Hitze ca. eine bis anderthalb Stunden im Ofen garen.

Die Fleischwerdung Kakaniens

Nationale Identität im Tafelspitz

„Es mochte gegen sieben Uhr morgens sein, als wir ins Café Magerl kamen. Die ersten Bäckerjungen trafen ein, schneeweiß und nach reschen Kaisersemmeln duftend, nach Mohnstritzeln und nach Salzstangerln. Der frischgebrannte, erste Kaffee, jungfräulich und würzig, roch wie ein zweiter Morgen."

Joseph Roth, Die Kapuzinergruft

Das Caféhaus ist einer der Orte, in denen Wien seit Jahrhunderten fokussiert ist. Im Epilog seiner Trotta-Familiensaga, der im Jahre 1938 endet, wird das Caféhaus für Joseph Roth immer wieder zum symbolisch überhöhten Schauplatz des Geschehens: „... *der Mai, der städtische Wiener Mai, schwamm in den kleinen, silber-geränderten ‚Schalen-Gold', schwebte über dem Gedeck* ..." Das Ende der Republik Österreich sieht den letzten Trotta im Caféhaus, das hinter ihm endgültig seine Tore schließt, bevor er, vor der Kapuzinergruft stehend, verzweifelt ausruft: „*Wohin soll ich jetzt, ein Trotta?* ..." Poetisch noch eindringlicher beschwört der Autor in seinem ›Radetzkymarsch‹ das k. u. k. Vielvölkerreich weitab von der Reichshauptstadt, in der Provinz: „*Wenn die Musik*

Ein Wiener Kaffehaus. Holzstich, koloriert, um 1875, nach Zeichnung von Ferdinand Wust.

eine Pause machte, hörte man leises Tellerklirren aus dem Speisezimmer." Die Musik: Draußen, unter dem Balkon, spielt die Militärkapelle des Infanterie-Regiments Nr. X ihre vom Kapellmeister Nechwal dirigierten Märsche. Das Tellerklirren: Im Speisezimmer des Freiherrn Franz von Trotta wird das Mittagsmahl eingenommen. Neben dem verwitweten Bezirkshauptmann ist da nur sein fünfzehnjähriger Sohn Carl Joseph, Schüler der Kavallerie-Kadettenschule in Mährisch-Weißkirchen und nun in der Sommer-Vakanz daheim sowie des Bezirkshauptmanns Hausdame, das (deutsche) Fräulein Hirschwitz.

„*Die Teller hatten schmale verblassende blaugoldene Streifen. Carl Joseph liebte sie. Oft im Laufe des Jahres gedachte er ihrer. Sie und der Radetzkymarsch und das Wandbild der verstorbenen Mutter (an die sich der Junge nicht mehr erinnerte) und der schwere silberne Schöpflöffel und die Fischterrine und die Obstmesser mit dem gezackten Rücken und die winzigen Kaffeetäßchen und die gebrechlichen Löffelchen, die dünn waren wie dünne Silbermünzen: all das zusammen bedeutete: Sommer, Freiheit, Heimat.*"

Für den jungen Trotta manifestiert sich in den Gegenständen des Esszimmers, die durchwoben und eingehüllt sind vom gedämpft hereinklingenden ›Radetzkymarsch‹, das Glück des seltenen Augenblicks unbeschwerter Jugend. Die Speisen selbst verkörpern dabei allenfalls einen Teil dieses Glücksmoments – und nur, solange sie losgelöst bleiben vom Zweck ihres bloßen Daseins, der Nahrungsaufnahme. Am Tische des Bezirkshauptmanns steht sie für die freudlose Prosa des Lebens.

„*Ein warmer goldener Schimmer wallte in den Tellern; es war die Suppe: Nudelsuppe. Durchsichtig, mit goldgelben, kleinen, verschlungenen, zarten Nudeln.*" Doch die Suppe wird allenfalls in ihrer ästhetischen Aura vom Tischherrn gewürdigt. Ihre eigentliche Substanz wird missachtet wie die folgenden

Gänge: *„Herr von Trotta und Sipolje aß sehr schnell, manchmal grimmig. Es war, als vernichtete er mit geräuschloser, adeliger und flinker Gehässigkeit einen Gang um den andern, er machte ihnen den Garaus.“*

Um das Besteck zugleich mit dem eiligen Tischherrn niederlegen zu können, begnügt sich die Hausdame mit winzigen Portionen (sie *„aß nach vollendeter Mahlzeit in ihrem Zimmer die ganze Reihenfolge der Speisen aufs Neue“*), während der Junge die Mahlzeit hastig herunterschlingt.

Das sonntägliche Mittagessen im Hause des Bezirkshauptmanns hat für den jungen wie den alten Trotta eine eigene Bedeutung, die Anlass und Zweck des Mahls zur Beiläufigkeit werden lassen. Für Carl Joseph gehört der goldene Schimmer der Nudelsuppe zu den Ingredienzen des auratischen Zaubers, der ihm das Glück von Sommer, Heimat, Freiheit schenkt. Für seinen Vater aber wird die Mahlzeit mit dem Tafelspitz überhöht zur Inkarnation der österreichischen Seele.

„Nach der Suppe trug man den garnierten ‚Tafelspitz‘ auf, das Sonntagsgericht des Alten seit unzähligen Jahren. Die wohlgefällige Betrachtung, die er dieser Speise widmete, nahm längere Zeit in Anspruch als die halbe Mahlzeit. Das Auge des Bezirkshauptmanns liebkoste zuerst den zarten Speckrand, der das kolossale Stück Fleisch umsäumte, dann die einzelnen Tellerchen, auf denen die Gemüse gebettet waren, die violett schimmernden Rüben, den sattgrünen ernsten Spinat, den fröhlichen hellen Salat, das herbe Weiß des Meerrettichs, das tadellose Oval der jungen Kartoffeln, die in schmelzender Butter schwammen und an zierliche Spielzeuge erinnerten.“

Der Freiherr von Trotta unterhält *„merkwürdige Beziehungen zum Essen“*, belässt es beim Augenschmaus eines Stilllebens. „*Sein Schönheitssinn verzehrte vor allem den Gehalt der Speisen, gewissermaßen ihr Seelisches; der schale Rest, der dann in Mund und Gaumen gelangte, war langweilig und mußte unverzüglich verschlungen werden.*"

Den Tafelspitz versteht er als ein bürgerliches Essen, seine Gesinnung als eine spartanische; so „*vereinigte er also die Sättigung seiner Lust mit den Forderungen der Pflicht. Er war Österreicher*".

Ein Österreicher, Repräsentant jenes versunkenen Reichs, dessen literarische Apotheose Joseph Roth, zumal im ›Radetzkymarsch‹, mit poetischer Imagination festhielt. Die Imagination gewinnt Gestalt im Tafelspitz, um dessen rechte Beschaffenheit der Bezirkshauptmann besorgt ist:

„*Er stieß die Manschetten in die Ärmel, hob beide Hände, und indem er Messer und Gabel an das Fleisch ansetzte, begann er, zu Fräulein Hirschwitz gewendet: ‚Sehn Sie, meine Gnädigste, es genügt nicht, beim Fleischer ein zartes Stück zu verlangen. Man muß darauf achten, in welcher Art es geschnitten ist. Ich meine, Querschnitt oder Längsschnitt. Die Fleischer verstehen heutzutage ihr Handwerk nicht mehr. Das feinste Fleisch ist verdorben, nur durch einen falschen Schnitt. Sehen Sie her, Gnädigste! Ich kann es kaum noch retten. Es zerfällt in Fasern, es zerflattert geradezu. Als Ganzes kann man's wohl ‚mürbe' nennen. Aber die einzelnen Stückchen werden zäh sein, wie Sie bald selbst sehen werden.*

Was aber die Beilagen, wie es die Reichsdeutschen nennen, betrifft, so wünsche ich ein anderes Mal den Kren, genannt Meerrettich, etwas trockener. Er darf die Würze nicht in der Milch verlieren. Auch muß er knapp, bevor er zum Tisch kommt, angerichtet werden. Zu lange naß gewesen. Ein Fehler!"

Ein Fehler am Prinzip, Verstoß gegen ein nationales Symbol. Das kann auch der Nachtisch nicht wieder gutmachen,

obgleich Trotta einzuräumen beliebt: *„Das, meine Gnädigste, ist ein Muster von einem Kirschknödel. Er besitzt die nötige Konsistenz, wenn er aufgeschnitten wird und gibt auf der Zunge dennoch sofort nach.“*

Doch was nützt es? Ein Kirschknödel kann es, bei aller repräsentativen Bedeutung der Mehlspeise für die österreichische Küche, an nationalem Symbolgehalt mit dem Tafelspitz halt nicht aufnehmen.

Wer Joseph Roths ›Radetzkymarsch‹ gelesen hat und einen Tafelspitz speist, zubereitet nach den Kriterien des weiland Bezirkshauptmanns Trotta, kann ein erlesenes Stück der alten Donaumonarchie genießen, ihrer postumen Fleischwerdung teilhaftig sein. Als Ganzes wie in den Stückchen angenehm mürbe.

Rezept

Kirschknödel: Dünn ausgerollten **Hefeteig** in handtellergroße Quadrate schneiden, auf die je **drei entsteinte Kirschen** und ein in **Kirschwasser getränktes Stück Würfelzucker** gelegt werden. Den so präparierten Teig zu Knödeln formen, im Tuch über kochendem Wasser gar dämpfen, in **gerösteten Semmelbröseln** wälzen und mit **Zucker** bestreut servieren.

Vom Sinnenreiz der Viktualien

Erschauen, erschnüffeln, erinnern

„... dem Duft des Fleisches entsprechend, das sie uns so schmelzend zart zu bereiten verstand, und der in meiner Phantasie zum spezifischen Duft ihrer Tugenden wurde."

Marcel Proust, In Swanns Welt

Ohne ihre Sinnenreize, diese Vorboten, Begleiter und mentalen Katalysatoren, wären Speis und Trank kaum mehr als Roh- und Brennstoff zur Ernährung. Auge und Nase heben die Mahlzeit aus der Profanität bloßer Daseinsvorsorge heraus. Durch sie kann man sich freuen auf die Mahlzeit, sie vermitteln den Genuss nicht minder als Zunge und Gaumen, erschauen und erschnüffeln im Vorgeschmack, was diese direkt schmecken werden, rufen Erinnerungen herbei, die prüfen, vergleichen und urteilen.

Geruchs- und Geschmackssinn sind für Marcel Proust Schlüssel, die Phantasie, Unterbewusstsein und

Spargelstillleben.
Edouard Manet, 1880.
Köln, Wallraf-Richartz-Museum.

Erinnerung erschließen. In seinem Hauptwerk spricht er einmal von einem Gemach und seinem gleichzeitig lauschigen und frischen Geruch nach Wald und alten feudalen Lebensformen, der einen *„durch die Nase träumen läßt"*. Die von Nase und Gaumen aufgenommenen Sinnesreize von Speise und Trank wirken als Pfadfinder auf der *„Suche nach der verlorenen Zeit"*. Die Schlüsselszene ist bekannt: Ein Schluck Tee, ein Bissen von der Madeleine, einer Art Sandtörtchen, wie sie die Person des Erzählers in frühen Jugendtagen genoss:

„In der Sekunde nun, als dieser mit dem Kuchengeschmack gemischte Schluck Tee meinen Gaumen berührte, zuckte ich zusammen und war wie gebannt durch etwas Ungewöhnliches, das sich in mir vollzog. Ein unerhörtes Glücksgefühl, das ganz für sich allein bestand und dessen Grund mir unbekannt blieb, hatte mich durchströmt."

Wie aus weiter Ferne nahend, verdichtet sich nach und nach die zuerst noch vage visuelle Erinnerung zu gegenwärtiger Form. Die Gaumenhöhle erweist sich als Archiv der Erinnerungsbilder, das seine von den Lebensjahren verschütteten Geheimnisse freigibt wie das ägyptische Königsgrab einer Pyramide, die in späterer Zeit geöffnet wurde:

„Und dann mit einem Male war die Erinnerung da. Der Geschmack war der jener Madeleine, die mir am Sonntagmorgen in Combray (weil ich an diesem Tage vor dem Hochamt nicht aus dem Hause ging) sobald ich ihr in ihrem Zimmer guten Morgen sagte, meine Tante Leonie anbot, nachdem sie sie in ihren schwarzen oder Lindenblütentee getaucht hatte."

Mit einem Schlage entrollt sich jetzt das glückvermittelnde Bild der Tage der Jugend und ihrer Freuden. Ein Stück verlorener Zeit ist von den Sinnenreizen wiedergewonnen worden, denn es *„stiegen jetzt alle Blumen unseres Gartens und die aus dem Park von Monsieur Swann, die Seerosen auf der Vivonne, die Leutchen aus dem Dorfe und ihre kleinen Häuser und die*

Kirche und ganz Combray und seine Umgebung, alles deutlich und greifbar, die Stadt und die Gärten auf aus meiner Tasse Tee".

Die Sinnenreize der Viktualien vermögen im spontanen Augenblick die Phantasie zur schöpferischen Imagination zu entbinden: aus dem ästhetischen Blick des Auges auf die Zubereitung des rohen Spargel entsteht ein farbmächtiges verbales Gemälde, das an das Spargelbild Manets erinnern lässt; während dieses Augenblicks suggeriert Erinnerung dem Geruchssinn bereits die Sensation eines Nachgenusses:
„Mein ganzes Entzücken aber galt den Spargeln, die in Ultramarin und Rosa getaucht waren und deren in Malve und Azur sacht eingetunkter Kopf sich unmerklich nach unten zu abstuft (bis hinab zu den Überresten des feuchten Erdreichs), indes sich eine Farbenpracht entfaltet, die nicht von dieser Welt ist. Es kam mir vor, als zeugten diese himmlischen Farbentöne von irgendwelchen Wunderwesen, die sich zum Spaß in Gemüse verwandelt hatten – nicht ohne daß ich durch die Verkleidung ihres eßbaren festen Fleisches hindurch in diesen Farben der anbrechenden Morgenröte, diesen Andeutungen eines Regenbogens, diesem Erlöschen blauer Abende ihre kostbare Substanz ahnte und sogar noch die ganze Nacht hindurch wiedererkannte, wenn sie ihr dichterisch-derbes Possenspiel aufführten, worin sie, wie in einem Zauberstück von Shakespeare die Verwendung meines Nachttopfes in ein Parfümgefäß spielten ..."

Der Appetit kommt beim Essen, heißt es seit Rabelais. Doch in der Regel ist der Appetit als Vorbote des Hungers bereits vor dem Essen da. Die Mutter der Esslust ist Neugier, Gier aufs bevorstehende neue Mahl. Sie wird angeregt durch Auge und Nase und ihre Erinnerungen, bevor Zunge und Gaumen deren Eindrücke im Geschmack bestätigen.

Leopold Bloom, der „Ulysses" von James Joyce, weiß, was ihm schmeckt, was ihm Appetit macht, und er kennt die Gründe dafür:

„Leopold Bloom aß sehr gerne die inneren Organe von Tieren und Geflügel. Er liebte dicke Gänsekleinsuppe, leckere Muskelmägen, farciertes, geröstetes Herz, mit Brotkrumen gebratene Leberschnitten, gebratene Dorscheier. Am liebsten aber aß er geröstete Hammelnieren, die seinen Gaumen schwachen Uringeschmack empfinden ließen. Mit Nieren beschäftigte sich sein Geist, als er jetzt leise durch die Küche strich …“

Die Ästhetik der sinnlichen Reize, die Viktualien in den Rezeptoren des Essers auslösen, ist, versteht sich, durch den Geschmack, der Summe aus Veranlagung, Erziehung und Erfahrung, individuell verschieden ausgestaltet. Der Geschmack wird damit zu einem wesentlichen Bestandteil der Identität, des Selbstverständnisses.

Bevor sich Gregor Samsa eines Morgens nach dem Erwachen zu einem ungeheueren Ungeziefer verwandelt findet, war Milch sein Lieblingsgetränk gewesen. In seiner neuen Gestalt schmeckt sie ihm gar nicht, *„ja, er wandte sich fast mit Widerwillen von dem Napf ab und kroch in die Zimmermitte zurück“*. Mit seiner äußeren Metamorphose haben sich auch und allein die sinnlichen Empfindungen verändert, die Speis und Trank in ihm erregen. Nun sagt ein Käse, *„den Gregor vor zwei Tagen für ungenießbar erklärt hatte“*, seinem Sensorium zu: *„Rasch hintereinander und mit vor Befriedigung tränenden Augen verzehrte er den Käse …; die frischen Speisen dagegen schmeckten ihm nicht, er konnte nicht einmal ihren Geruch ertragen.“*

In Franz Kafkas Erzählung werden die Kausalitäten außer Kraft gesetzt. Der Verwandlung des Gregor Samsa in einen Käfer folgt die Anpassung seiner Reaktion auf die Sinnenreize der Viktualien.
Nicht nur mit seiner bisherigen Gestalt, sondern auch mit seinem bisherigen Geschmack hat er

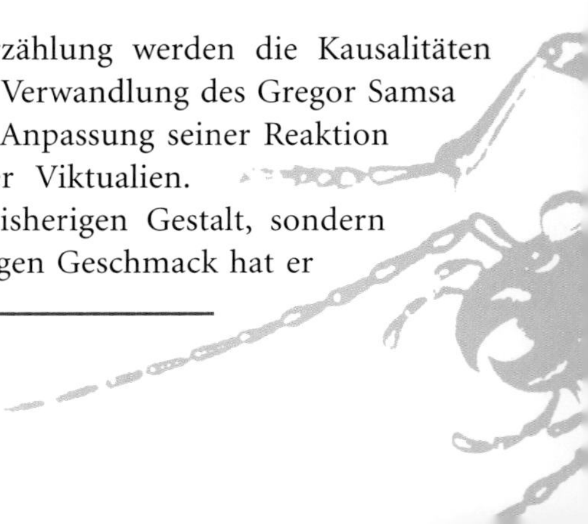

ein wesentliches Merkmal seiner Identität als Mensch verloren. Mit dem Widerspruch, als Mensch zu fühlen und als Käfer zu essen, lässt sich nicht lange leben. Auch das gewandelte Sensorium erlischt, und Gregor Samsa verhungert am Ende.

Bürgerliche Tafelgesittung

Stets nur geriefelte Butterkügelchen

Essen Sie eigentlich gern? Essen Sie mit Vergnügen? Wo nicht, desto schlimmer für Sie. Mir ist jede Mahlzeit ein kleines Fest. Jemand hat gesagt, das Leben sei doch schön, da es so eingerichtet sei, daß man täglich viermal essen könne. Er ist mein Mann.

Thomas Mann, Wälsungenblut

In den Büchern von Thomas Mann wird nicht gewöhnlich gegessen, sondern es wird gespeist, so gesittet wie ausgiebig: „*Man saß auf hochlehnigen, schweren Stühlen, speiste mit schwerem Silbergerät schwere, gute Sachen, trank schwere, gute Weine dazu und sagte seine Meinung.*"

Das dergestalt in allen fünf Gängen ausführlich geschilderte Souper im Landschaftszimmer des Hauses, das die Firma Johann Buddenbrook gerade in der Mengstraße zu Lübeck erworben hat, zieht sich im Roman des jungen Thomas Mann über vier Kapitel hin, bis zum Dessert: „… *und dann, als man schon schwer atmete, der Plettenpudding …*" Es erweist sich immer wieder: „*Man konnte eines nahrhaften Bissens gewärtig sein bei Buddenbrooks …*" Und es bleibt nicht bei dieser einen Schilderung gehobener Nahrungsaufnahme in der Familiensaga.

Das opulente Festmahl ist oft zitiert, sogar eigene Buchveröffentlichungen sind ihm gewidmet worden, und aus besonderem Anlass kommt es original im Lübecker Ratskeller auf die Speisekarte (ohne dass nach seinem Genuss von jenen gastrischen Molesten etwas ruchbar geworden wäre, die dem jungen Christian Buddenbrook die hausärztlich empfohlene, sprichwörtlich gewordene Diät auferlegte: ein wenig Taube, ein wenig Franzbrot …).

Im gesamten Erzählwerk Thomas Manns ist das Muster des großbürgerlichen Soupers

Das Festessen. Farbholzstich, um 1900, nach Zeichnung von Stanislaw Rejchan.

im Hause Buddenbrook in seiner Funktion bedeutsam – als Topos hochgesitteter Esskultur schlechthin. Ob im Sanatorium auf dem „Zauberberg" oder mit „Lotte in (Goethes) Weimar", ob beim Erdenkloß Laban und im Palast Potiphars der „Joseph"-Romane, nicht minder mit „Felix Krull" oder mit Herrn Aarenhold in ›Wälsungenblut‹: Man begibt sich zu Tisch wie im „Buddenbrook"-Haus, und das ist allemal für die Handlung ein Knotenpunkt, für die am Tisch Versammelten bedeutungsschwer.

Wiederkehr und Vergegenwärtigung dessen, was uns geprägt hat, auf einer höheren Lebens- und Bewusstseinsstufe, so nannte es der Literaturkritiker Günther Blöcker. In seiner berühmten Rede ›Lübeck als geistige Lebensform‹ sprach Thomas Mann von seinem Ehrgeiz nachzuweisen, *„daß Lübeck als Stadt, als Stadtbild und Stadtcharakter, als Landschaft, Sprache, Architektur durchaus nicht nur in den ‚Buddenbrooks', deren unverleugneten Hintergrund es bildet, seine Rolle spielt, sondern daß es von Anfang bis zum Ende in meiner ganzen Schriftstellerei zu finden ist, sie entscheidend bestimmt und beherrscht"*.

Wie im ›Felix Krull‹, wo dieser Luftikus zu Gast im Hause des Professors Kuckuck in Lissabon ist: *„Unterdessen ging man ins Speisezimmer hinüber, das von einem für den Raum zu großen und gewichtigen, überreich geschnitzten Nußholz-Buffet beherrscht war … Es gab Hors-d'Œuvres mit köstlichen heimischen Sardinen, einen Hammelbraten, Rahmbaisers zum Dessert und Käsegebäck. Ein recht heißer Rotwein wurde zu allem geschenkt, den die Damen mit Wasser mischten …"*

Die gesittete Esskultur des Hauses Buddenbrook, in der sich Lübecks Stadtcharakter spiegelt, findet sich auch wieder im Hause Aarenhold zu München: *„Man saß tief am Tische, auf Stühlen, deren breite und nachgiebige Polster mit Gobelins* *bespannt waren*", und im zeitlich wie geographisch weit entfernten Ägypten, wenn „Joseph" der Ernährer seinen Brüdern jenes Mahl richtet, das ihrer Wiedervereinigung voraufgeht: *„Man saß auf bequemen Schemelstühlen, eine Tischplatte schräg vor sich, die mit Kost, Beikost und Schau-Erfreulichkeiten, Obst, Kuchen, Gemüse, Pasteten, Gurken und Kürbissen, Füllhörnern mit Blumen und Zuckerwerk hoch-heiter beladen war …"*

Schon in den ›Geschichten Jaakobs‹, dem ersten Band der „Joseph"-Tetralogie, finden wir den jungen Jaakob an einer orientalischen Buddenbrook-Tafel:
„Er saß mit den Labansleuten unter anderen Schmausenden im Obersaal … zu Tisch vor allerlei Nachkost und Gaumenkurzweil, die auf dem Tische gehäuft war; als Süßkost, Datteln, Knoblauch und Gurken und tat den Gästen Bescheid, die gegen ihn und die Wirte den Becher mit Rauschtrank hoben."

Auch die Tafelfreuden des ägyptischen Höflings lassen Erinnerungen an die Mengstraße zu Lübeck aufkommen:
„Zierlich und schön, voll heiteren Schmuckes und Überflusses war alles in Potiphars täglichem Eßzimmer … In ihrer Mitte stand eine umfängliche Anrichte, hochauf bedeckt; wie Ammuns Opfertisch … mit Röstgänsen, Bratenten und Rindskeulen, Gemüsen, Kuchen und Broten, mit Gurken, Melonen und syrischem Obst in üppiger Schaustellung."

Thomas Mann lässt den alten Tuij, Potiphars Vater, eine Erkenntnis aussprechen, die seiner eigenen Dichtung unterlegt scheint:
„Es gibt nichts Erregenderes in der Welt als die Gedankensorge um die Tagesordnung und um den Äon, sie ist das Allerwichtigste, und höchstens daß der Mensch esse, das steht noch voran. Erst muß er essen und satt werden, das ist wahr, aber sobald er satt ist und dieser Sorge ledig, tritt die Gedankensorge ihn an ums Heilige …"

Im ›Zauberberg‹ allerdings ist Hans Castorp anfangs noch weit von der Gedankensorge um Gott und die Welt entfernt. Zu essen und satt zu werden dient ihm noch zu anderem als der Vorbereitung zur Gedankenarbeit:
„*Das Essen war vorzüglich. Es gab Spargelsuppe, gefüllte Tomaten, Braten mit vielerlei Zutat, eine besonders gut bereitete süße Speise, eine Käseplatte und Obst. Hans Castorp aß sehr stark, obgleich sein Appetit sich nicht als so lebhaft erwies, wie er geglaubt hatte. Aber er war gewohnt, viel zu essen, auch wenn er keinen Hunger hatte, und zwar aus Selbstachtung.*" In die eingeschlossen ist, dass er nur widerstrebend Butter gegessen hätte, „*die ihm in einem Stück und nicht vielmehr in Form geriefelter Kügelchen vorgesetzt worden wäre*".

Als Lotte in Weimar bei Goethe speist, ist das nicht anders als beim alten Buddenbrook (oder beim Senator Mann): „*Der Hausherr brach mit einer Bewegung, die etwas Weiheactartiges hatte, sein Brot über dem Teller.*" Der Nachvollzug des Gastmahls am Frauenplan zu Weimar ist Wiederholungszauber, wie ihn Thomas Mann im ironischen Umgang mit dem Mythos liebt:
„*Goethe hatte sich als einziger zwei von den Muscheln genommen, ließ dann aber die zweite fast unberührt. Daß bei ihm, wie man zu sagen pflegt, die Augen weiter gingen als der Magen, zeigte sich auch nachher bei dem vorzüglichen Filet, das, mit Gemüsen reich garniert, auf langen Schüsseln herumgereicht wurde, und wovon er sich so überreichlich auf den Teller häufte, daß er zuletzt die Hälfte übrig ließ. Dagegen trank er in großen Zügen vom Rheinwein sowohl wie vom Bordeaux, und sein Einschenken, das wie jenes Brotbrechen jedesmal etwas Ceremonielles hatte, galt vorzugsweise ihm selber.*"

Spielerisch-ironische Beschwörung des Mythos waltet schließlich selbst dort, wo Thomas Mann, wie in seiner

Lübecker Rede von 1926, auf jene Kritik eingeht, die ihm nachsagt, er sei ein Lübecker Marzipanbäcker. Marzipan, so der Dichter, sei Brot des heiligen Marcus, des Schutzheiligen von Venedig, panis Marci: Es habe sich gezeigt, *„daß jene Witzbolde nicht so unrecht haben, wie sie selber glauben, daß der ‚Tod in Venedig‘ wirklich ‚Marzipan‘ ist, wenn auch auf eine tiefere Weise als sie meinten, und daß eine gewisse Lebensform nicht nur die in Lübeck lokalisierten ‚Buddenbrooks‘ gezeitigt hat“*. Quod erat demonstrandum.

Er funktioniere den Mythos ins Humane um, hat Thomas Mann einmal geschrieben. Das Humane ist auch die bürgerlich-gesittete Tafel, an der, begleitet von gediegenem Tischgespräch, das Gemeinschaft stiftende Mahl eingenommen wird. In mehreren perfekt zubereiteten und servierten Gängen. Und nur mit geriefelten Butterkügelchen.

Rezept

Plettenpudding – die Buddenbrook'sche Version der Charlotte: In eine Glasschüssel mit breitem Boden **Scheiben von Biskuitkuchen oder Löffelbiskuits** legen, mit **Sherry** tränken und gut durchziehen lassen. Darauf eine Schicht guter **Himbeerkonfitüre** streichen, mit **frischen oder tiefgekühlten Himbeeren** bedecken. Hierauf eine Schicht **Bayerische Creme** geben (**vier Eigelb** mit **125 Gramm Zucker** im Wasserbad schaumig schlagen, mit **1/4 Liter heißer Milch** verrühren, bis die Masse dicklich wird. **Sechs Blatt** zuvor eingeweichte **weiße Gelatine** unterrühren; abkühlen lassen, gelegentlich umrühren. Wenn die Creme fest wird, **1/4 Liter geschlagene, mit Vanillezucker aromatisierte Sahne** unterheben). Die Creme-Schicht mit steif geschlagener Sahne bedecken, auf die man unmittelbar vor dem Servieren kleine **Makronen** setzt.

Pferdewurst und Kalbsmedaillon

Lebenszeugnisse im Epochenbruch

Er schnitzte riesige Stufen in den Brotlaib, fraß militärgeschwind: Ananas, Wurstbüchsen, Edamer...

Arno Schmidt, Seelandschaft mit Pocahontas

In Mangelzeiten hat die Humanität sich auch in der Küche abgemeldet. Zugeteilte „Verpflegung" gängelt den Esser sogar noch, nachdem die martialische Gulaschkanone das Feld wieder dem zivilen Kochtopf überlassen musste. Für eine ganze Generation im 20. Jahrhundert währte die Mangelzeit von der Pferdewurst bis zur Wiederkehr der deutschen Plumpsküche, bevor ihr als Verheißung besserer Zeiten das Kalbsmedaillon lachte. Jene Jahre finden sich in den wichtigen literarischen Werken der vierziger und fünfziger Jahre beschrieben.

Familienfeier. Harald Duwe, Berlin, Galerie Poll.

Im frühen Werk von Arno Schmidt ist die Not der Kriegs- und Vorkriegszeit noch gegenwärtig. In der sozial deklassierten Welt der kleinen Leute werden in jenen Jahren die kulinarisch kargen Mahlzeiten an ihrer reichlichen Verfügbarkeit gemessen. Man isst nicht, sondern man frisst:
„Mittagessen in der Fischküche: und ich biß in die goldbraunen Filetscheiben, und gabelte den kühlen grünlichen Kartoffelsalat, und fraß noch eine Portion, und gulpte den halben eisigen Bierliter: lange müeze ich lebben darinne!“

„Aus dem Leben eines Fauns“ in der Vorkriegszeit, die schon von Mängeln überschattet ist und Vorsorge gebietet:
„Aber harte Pferdewurst!: ich kann mir nicht helfen: ich ess sie gern …: ‚Geben Sie mir bitte 10 ganze Stangen: das heißt: Sie können sie mir als Paket nach Hause schicken, ja?‘ … (Kann man ja auch im Sommer gut aufheben; trocken und luftig hängen, so daß keine Fliegen ran kommen: da werden sie immer besser und härter!).“

In ›Seelandschaft mit Pocahontas‹ werden die Essgewohnheiten des aus dem Kriege noch einmal Davongekommenen erklärt:
„Weeste, wenn man als Kind so hat hungern müssen, und jetzt später wieder: da wird ma zum Tier im Fressen.“

Und stürzt sich auf die Fülle, die dem Urlauber von der anrollenden Fresswelle geboten wird:
„Unten schon das Werbefrühstück: Kartoffelsalat mit Würstchen: richtig gute Butter zum Brot. Und Bohnenkaffee?: Potz Knack-, Schlack-, Blut- und Leberwurst!“ – „Vorsuppe: ‚ein weißer käsiger Niederschlag‘ hatte es im Chemieunterricht immer geheißen, na ja. Dann die eigentliche Hauptmahlzeit: Kartoffelmatsch und je 1 Kotelett: Buttersoße und'n Haufen Grünfutter: schon bekamen wir mehr hingestellt, als die enthaltsameren Pensionäre an den Nebentischen: ‚Willstu wohl essen?!‘ (denn

Selma sägte wieder zimperlich und unglücklich an ihrer Ladung herum, und schluckte lustlos. Erst beim Pudding wurde sie handlicher).“ – *„Abendbrot: Bratkartoffeln mit Sülzescheiben, homespun; als Zugemüse Selleriesalat, Riesenportionen: Wirklich sehr nett, sehr aufmerksam, die Wirtin!“*

Die Konserve, diese verlässliche Verpflegungsreserve des Soldaten und Pièce de résistance der deutschen Hausfrau zu allen Zeiten, erfreut das „steinerne Herz“ des aus den Schlachthäusern des Krieges Entronnenen:

„… und der Büchsenbraten sah so hübsch abstrakt aus, die rosigen Ziegel mit den abgerundeten Kanten, daß man heutzutage gar nicht mehr an Schlachthaus und Tiergeröchel zu denken braucht. Dazu herrlicher Blumenkohl mit kunstvoll eingesetzten Fleischkügelchen aus Gewiegtem: ‚Das' ja fantastisch, Frau Thumann!‘“

Nach Elend, Not und Mangel Normalität wieder herzustellen, ist Aufgabe der Politik. „Das Treibhaus“ ist die junge Hauptstadt Bonn in ihrer ersten Wahlperiode, und Wolfgang Koeppen beschreibt in seinem Roman die Stätte, an der sich die neue politische Klasse zum Essen zusammenfindet. Mit der Erneuerung geht es hier nicht so recht voran:

„Das Casino, ein scheunenartiger Raum, in dem es penetrant nach ranzigem Fett, heiß nach verbranntem Mehl dunstete, war gefürchtet. Es gab Deutsches Beefsteak Esterhazy auf Püree, Fleischbällchen mit Bohnengemüse auf Püree, Schellrippchen mit Sauerkraut auf Püree, und ganz unten auf der Speisekarte stand ‚Schnullers Feinschmeckersuppen geben jedem Essen eine festliche Note.‘“

Die Köche, scheint's, sind noch die alten Kameraden und bleiben es noch lange. Das beantwortet denn auch die eher rhetorische Frage des Romans: *„Was hat Esterhazy den Köchen getan, daß sie alle verbrannten Zwiebelgerichte nach ihm nennen?“*

In seinem ersten großen Nachkriegsroman ›Tauben im Gras‹ führt Koeppen eine Begegnung des Münchener Dienstmanns Josef mit einer Frühform von Fastfood herbei: *„Er kaute schwer an dem dicken vielschichtigen Brot. Er mußte seinen Mund bis zum äußersten aufreißen, um von dem dicken Sandwich etwas abbeißen zu können. Es war ein fader Geschmack. Auf den Schinken hatte man eine süßliche Paste geschmiert. Der Schinken schmeckte wie verdorben. Der süßliche Geschmack störte Josef… Er aß die fremde, fremdländisch schmeckende Speise nur aus anerzogenem Gehorsam.“*

Als die Mangelzeit verebbt, rollt die Fresswelle über die Gesellschaft: Es gilt die quantitative wie qualitative Wiedergutmachung am eigenen Leib – als Möglichkeit, die Vergangenheit hinter sich zu lassen. In den Untiefen, die die Fresswelle verursacht, verschwindet die Pferdewurst, Symbol der mangelbedingten Frugalität. Noch bleibt Fastfood ein befremdendes Signal der Neuen Welt. Die wohl versehene und schön gedeckte Tafel ist es, die zum kulinarischen Schauplatz der Zeitgeschichte im Übergang wird: mit dem Kalbsmedaillon als Symbol für einen erst noch wiederzugewinnenden Genuss. Der Roman ›Billard um halbzehn‹ von Heinrich Böll erschien 1959: Man war wieder wer. War man wieder wer? Wer war man wieder?

„‚Also hier‘, sagte Nettlinger, ‚da gäbe es als Vorspeise einen ausgezeichneten

Räucherlachs, dann Hühnchen mit Pommes frites und Salat, und ich würde meinen, daß wir uns nachher erst entschließen, welchen Nachtisch wir nehmen; weißt du, für mich ergibt sich der Appetit auf den Nachtisch erst während des Essens; ich vertraue da meinem Instinkt – ob ich nachher Käse, Kuchen, Eis oder ein Omelette nehmen werde; nur über eines bin ich mir vorher schon sicher; über den Kaffee.' Nettlingers Stimme klang, als hätte er an einem Kursus ‚Wie werde ich Feinschmecker?' teilgenommen; noch wollte er seine einstudierte Litanei, auf die er stolz zu sein schien, nicht abbrechen, murmelte Schrella zu: ‚Entrecote a deux – Forelle blau – Kalbsmedaillon.'"

Für Nettlingers Tischgast Schrella bedeutet Essen mehr, zumal sein Blick aus dem Fenster auf ein Transparent fällt, das Spätheimkehrer aus dem Kriege begrüßt. Es löst eigene Empfindungen in ihm aus:

„... gewiß waren die blaßgelben Klößchen in der Suppe vom Mark der edelsten Rinder, die je auf deutschen Wiesen geweidet hatten; golden schimmerte auf dem Tablett der Räucherlachs zwischen dem frischen Grün der Salatblätter; sanft gebräunt war der Toast, silbrige Wassertropfen bedeckten die Butterklümpchen; beim Anblick des essenden Nettlinger mußte Schrella gegen ein elendes Gefühl der Rührung ankämpfen; er hatte Essen immer als einen hohen Akt der Brüderlichkeit empfunden ... Männer wie Nettlinger, deren er unzählige beobachtet hatte, erinnerten ihn an Verurteilte; ihre Mahlzeiten kamen ihm wie Henkersmahlzeiten vor; sie aßen, obwohl sie die Tischsitten beherrschten, mit tödlichem Ernst, der Erbsensuppe und Poularde tötete; waren außerdem gezwungen, mit jedem Bissen, den sie aßen, den Preis zu würdigen."

Arno Schmidt war bekannt für seine strengen Maßstäbe, die er an die Literatur gelegt wissen wollte. Eine Forderung von ihm lautete:

„Eines aber sollte jeder Dichter einmal leisten: ein Bild der Zeit hinterlassen, in der er lebte.“

In Arno Schmidts Zeitbild mit der Pferdewurst, in Wolfgang Koeppens mit dem Deutschen Beefsteak Esterhazy in Bonn und dem amerikanischen Sandwich in München wie auch in Heinrich Bölls Tafel-Gemälde von feiner Consommé mit Markklößchen und Kalbsmedaillons ist festgehalten, wie man in jenen Jahren lebte.

Rezept

Kalbsmedaillons: Sie werden aus dem **Kalbsfilet** geschnitten, dem besten und teuersten Teil des Kalbes. Die etwa **vier Zentimeter dicken Medaillons** werden mit dem Finger ein wenig breitgedrückt, **gesalzen** und **gepfeffert** und mit einem **Faden** umbunden, damit sie beim Braten in **Butter** ihre runde Form bewahren.

Das Essen in Telgte

Löffelnd und kauend
im literarischen Gespräch

„Deshalb fand sich die Runde den Tisch lang bald wieder löffelnd und kauend im literarischen Gespräch.“

Günter Grass, Das Treffen in Telgte

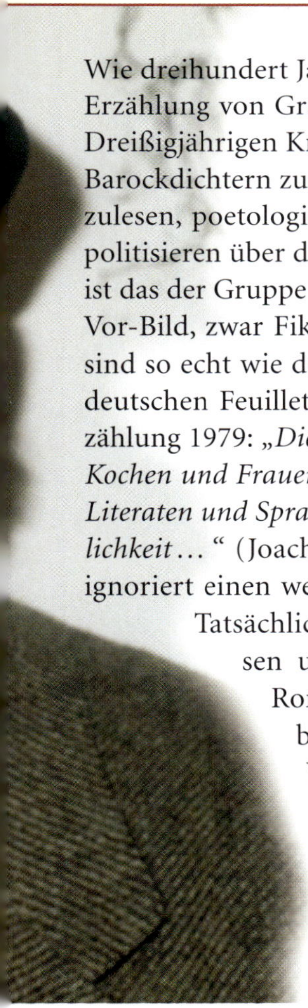

Wie dreihundert Jahre später die Gruppe 47, trifft sich in der Erzählung von Grass anno 1647, ein Jahr vor dem Ende des Dreißigjährigen Krieges, in Telgte eine Gruppe von Literaten, Barockdichtern zumal, um einander aus eigenen Werken vorzulesen, poetologisch zu streiten, wohl auch ein weniges zu politisieren über die Lage der Nation. Die barocke Gruppe 47 ist das der Gruppe 47 von Hans Werner Richter nachgebildete Vor-Bild, zwar Fiktion, doch ihr Personal wie dessen Werke sind so echt wie deren historische Zeit. Ein Großmeister des deutschen Feuilletons meinte nach dem Erscheinen der Erzählung 1979: „*Diesmal geht es bei Grass nicht über Fische und Kochen und Frauenemanzipation (wie im ‚Butt‘), sondern um Literaten und Sprachprobleme, um die Katastrophen der Wirklichkeit …* “ (Joachim Kaiser). Das ist nur halb richtig und ignoriert einen wesentlichen Teil des Inhalts der Erzählung. Tatsächlich wird auch im ›Treffen von Telgte‹ gegessen und gekocht, wie im ›Butt‹, wie in allen Romanen von Grass, von der ›Blechtrommel‹ bis zu ›Ein weites Feld‹. Bei ihm ist wie im Werk von Thomas Mann der Esstisch wenn

Günter Grass während der Vernissage einer Ausstellung über sein zeichnerisches, graphisches und plastisches Werk in der Galerie Schürer in Regensberg, Dezember 1982.

nicht Fundament, so doch Stützpfeiler, ohne den der Geist der Erzählung eines wesentlichen Halts entbehrte. Wird die ›Blechtrommel‹ mit einem schicksalhaften Kartoffelessen der Großmutter von Oskar Matzerath eröffnet und der schmackhafte Aal zur Nemesis der Mutter des Blechtrommlers, so beginnt eine politische und literarische Zeitreise durch ›Ein weites Feld‹ in einer exakt beschriebenen Fastfood-Station und ihres Angebots am Berliner Bahnhof Zoo.

Im Werk von Günter Grass wird viel gegessen und getrunken. Nach den Rezepten des Dichters können ganze Menüs nachgekocht werden. Zur innigsten Symbiose zwischen dem Homme de Lettres und dem Maître de la Cuisine findet Grass jedoch im ›Treffen in Telgte‹. Hier werden Dicht- und Kochkunst als Musen zur Inspiration einer Gemeinschaft von Poeten beschworen, wobei beide als Musen auch im Dienste der Erzählung des Dichters walten. Wie stets bei Grass ist das, was auf den Tisch kommt, vor allem kerniger Natur, solide bis deftig, nahrhaft, altbewährten Rezepten folgend; in Telgte durchaus zeitgemäß:

„Was die Wirtin von ihren Mägden auftragen ließ, war so mager nicht: in tiefen Kummen dampfender Hirsebrei mit ausgelassenem Schweineflom und Speckspirkeln übergossen. Dazu gab es Brühwürste und grobes Brot. Außerdem hatte ihr Garten, der hinterm Haus, von Wildnis umzäunt, geschützt lag (und den die fouragierenden Kroaten übersehen haben mochten), Zwiebeln, Mohrrüben und Rettich hergegeben, was alles roh auf den Tisch kam und zum Braunbier schmeckte. Sie lobten die einfache Kost. Und die Verwöhnten behaupteten im Überschwang: Schon lange sei ihrem Gaumen solche Wohltat nicht erwiesen worden. Weckherlin verfluchte die englische Küche, Hoffmannswaldau nannte den ländlichen Aufwand ein Göttermahl. Harsdörffer und Birken zitierten abwechselnd, in Latein, und verteutscht, aus antiken Schäfereien vergleichbare Mahlzeiten. Und im Wortgefälle des Wedelschen

Pfarrers Rist, dem Dach das Tischgebet aufgetragen hatte, wandelte sich der emsländische Hirsebrei zum himmlischen Manna."

Dem Gelnhausen ist das freilich als Verpflegung der Reiter und Musketiere seiner Schutztruppe für die Poeten nicht genug: „*Die stünden dem Kaiser, weil der Sold nicht reiche, auf täglich Brathühnchen, Ochsenbrust und Schweinebacke im Wort.*"

Die Wirkung dessen, was den Dichtern vorgesetzt wird, ist so verschieden wie das, was die Teller füllt. Zwar findet sich die Runde immer wieder „*löffelnd und kauend im literarischen Gespräch*", aber das muss gelegentlich nach einer mageren Suppe auf Kredit geführt werden: „*Und als die Wirtin der Gesellschaft kleine Hoffnung machte, es werde Gelnhausen, von Münster zurück, womöglich was Handfestes bringen, waren die Dichter bald über den Suppenstreit hinweg und bissen sich an Sprachgebilden fest: genügsame Wortwiederkäuer, denen notfalls Selbstzitate Sättigung brachten.*" Dann wieder ist es „*die Kerbelsuppe mit der ihr eingekochten Grütze*", die die vorher gereizten Gemüter beschwichtigt.

Die barocke Sprachkraft von Grass bestätigt sich, wäre das denn noch nötig, in der Schilderei der Essen in Telgte:
„*Sie gingen den Gänsen, Ferkeln, dem Hammel ans Gebein. Auch, was den Hammel gefüllt hatte, Blut- und Leberwürste, war auf den Tisch gekommen und hälftig bei den Feuern geblieben. In den Saft, der aus spitzen, rund gestutzten, gezwirbelten Bärten tropfte und fettig in Tellern stand, tunkten sie frischgebackene Weißbrotstuten. Wie krustig die Haut der Spanferkel krachte. Es hatte das Wacholdergestrüpp, als Zwischenzunder, besonders dem Hammel Geschmack gegeben.*"

In der sinnenfreudigen Aufzählung dessen, was in Telgte aufgetragen wird, könnte der Leser in Grass einen Wiedergänger des Meisters Rabelais erkennen:
„*Weiter trugen sie auf: in Milch mit Rosinen gedämpfte Hirse, Schälchen voller kandiertem Ingwer, Essiggurken, Pflaumenmus,*

schwere Krüge voller rotem Wein, trockenen Ziegenkäse und endlich den in der Küche abgekochten Hammelkopf, dem die Libuschka eine rote Rübe quer ins Maul gezwängt, den sie mit weißem Rundkräglein nach Herrenart gekleidet und mit einem Kranz aus Sumpfdotterblumen zum bekränzten Schafskopf gemacht hatte.“

Aber der deutsche Nachfahre des Rabelais verknüpft mit dem aus der Küche Aufgetischten das, was die literarischen Tischgäste ihm geistreich entnehmen und als Würze wieder zurückgeben:
„*Das ließ Witze zu. Der Schafskopf wollte verglichen werden. Ihm wurde in Jamben und Trochäen, auf dreisilbigem Versfuß, mit Buchnerschen Daktylen, in Alexandrinern, Schüttel-, Stab-, Binnenreimen und flink aus dem Stegreif gehuldigt: Greflinger, indem er als gefoppter Hammel seine treulose Flora beklagte, die anderen mit politischen Anspielungen.*“

Wenn es kulinarische Literatur gibt, dann ist es die Erzählung von Günter Grass par excellence. Seine Dichtkunst speist sich immer wieder aus seiner Kochkunst und ihren Ergebnissen. Das macht sie dem Leser so gegenwärtig. Und ist nicht ›Das Treffen in Telgte‹ eine Bestätigung für Walter Benjamins These, dass die zehnte Muse die des Romans sei, welche die Embleme der Küchenfee trage? Beim letzten Essen in Telgte vereint sich in einer schönen Fermate das Parlando der Poeten mit dem aufgetragenen Fisch:
„*Friedfertiger wurde nie gespeist. Es eignete sich der Fisch für sanfte, den langen Tisch säumende Worte. Jeder sprach zu jedem und über jeden mit halber, genügsamer Stimme. Auch hörten sie einander zu, fielen sich nicht ins Wort.*“

sanfte, der langen sich stimmende Worte. Jeder sprach zu

Leckertähn, mokst ok gröne Seep?

Nachwort des Autors als Leser und Esser

„Da er kein Stück Brot für sich noch für seine Mutter hatte, so träumte er von der endlosen Tafel, an die sich die ganze regenerierte Menschheit setzen würde.“

Anatole France, Die Götter dürsten

Noch nach sechs Jahrzehnten habe ich ihre Stimme im Ohr: „Leckertähn, mokst ok gröne Seep?“, so fragte mich einst meine Großmutter, wenn es mir offensichtlich gut geschmeckt hatte. Sie war als junges Mädchen Ende des neunzehnten Jahrhunderts aus Mecklenburg, dem ländlichen Armenhaus, ins wohlhäbige Hamburg gekommen. Ihre feine Zunge verhalf ihr hier zum Aufstieg: Sie wurde professionelle Köchin. Als Hausfrau gab sie später ihre Kenntnisse der gehobenen Küche ihrer jüngsten Tochter weiter, die meine Mutter wurde. Von den Ergebnissen ihrer Kochkünste zu zehren, verhinderten die Zeitläufe, in denen der deutsche Eintopf zur kulinarischen Norm erhoben wurde. Doch es sollte noch schlimmer kommen, als die scherzhafte Frage, ob der Leckertähn (Leckerzahn, der niederdeutsche Gourmet) auch grüne Seife esse, für den als Knaben so verwöhnten Jüngling fast zur Realität wurde. Denn was nicht alles musste seine sensible Zunge über sich ergehen lassen, damit sein dürrer Leib überdauern durfte! Es hatte mich auf meiner zeitbedingten Odyssee schließlich nach Hademarschen verschlagen, ein Dorf, in dessen Theodor-Storm-Straße an einer alten Villa auf einer Tafel denkwürdige Worte zu lesen waren: Hier wirkte und starb Theodor Storm von 1880 bis 1888. In Hademarschen lernte ich im bitterkalten zweiten Nachkriegswinter wirklichen Hunger kennen. Aber auch meinen unersättlichen Lesehunger konnte ich nicht

Theodor Storm, 1857.
Gemälde von Nicolai Sunde.

stillen, es gab ja nicht einmal dünnste Bücher auf Zuteilungskarten. Immerhin gab es Lesungen im Radio. Eine brachte mir eine weihnachtliche Novelle von Theodor Storm nahe. In ihr war viel die Rede von festlichem Essen, und die Herstellung von Weihnachtsgebäck war so eingehend beschrieben, dass der Hungernde nicht nur die Wohlgerüche aus dem Backofen zu erschnuppern wähnte, sondern dass ihm beim Hören auch ungemein flau zumute ward. Damals fasste ich drei Entschlüsse für mein späteres Leben, sollten die Zeiten einmal besser werden: zum einen, nie wieder Steckrüben zu essen, zum anderen, wenn irgend möglich meine unterbrochene Laufbahn als Leckertähn fortzusetzen, und zum dritten, meinen Lesehunger fortan mit bester Nahrung nach eigener Wahl zu befriedigen. Theodor Storms Werk sollte dazugehören, ohne leibliche Flauheitsgefühle.

Um meine Entschlüsse zu verwirklichen, bedurfte es besserer Zeiten und weiblicher Unterstützung. Meiner Frau Hildegart verdanke ich außer meinem leiblichen Wohl und der häuslichen Ächtung der gemeinen Steckrübe auch manche Inspiration für dieses Buch, insonderheit auch der Kochrezepte am Schluss einiger Kapitel. Das Buch aber ist gleichgesinnten, lesehungrigen, wissensdurstigen und von der Steckrübe nicht traumatisierten Leckertähns gewidmet. In diesem Sinne:
Guten Appetit!

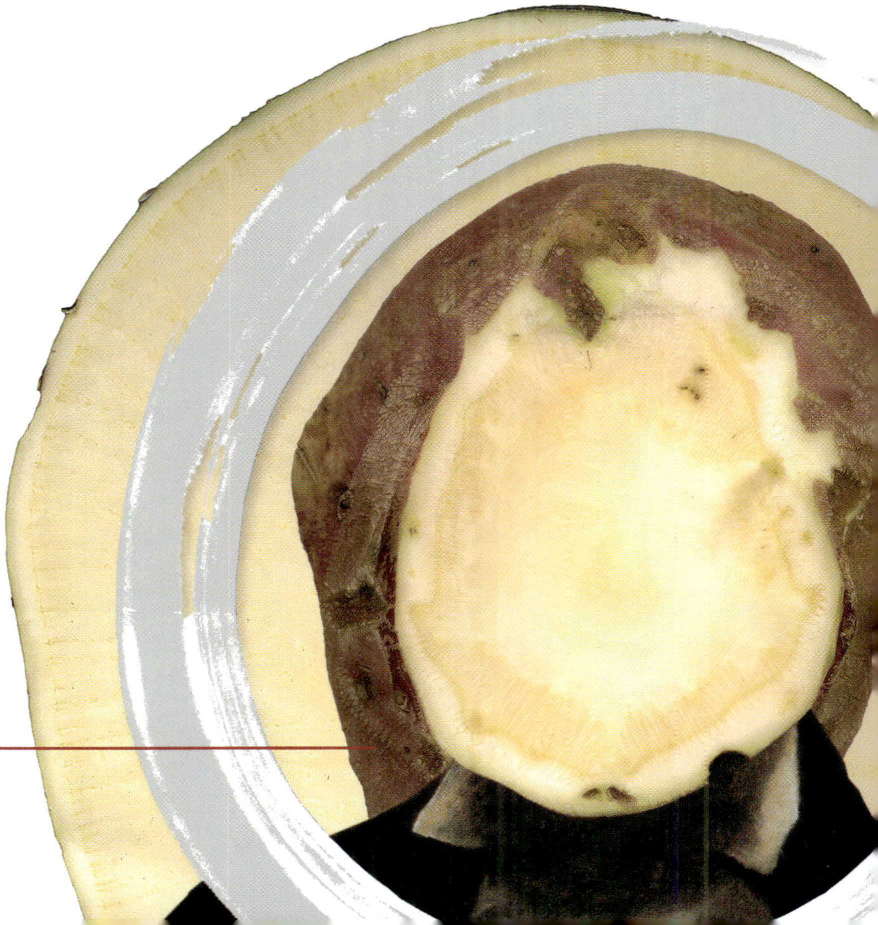

Dank für erlesene Zitate an:

die Autoren von Büchern des Alten Testaments,
den Autor des Paulus-Briefes an Timotheus im Neuen Testament,
die Autoren von nordischen Mythen-Ezählungen
sowie an
Honoré de Balzac ■ Ludwig Bechstein ■ Walter Benjamin ■ Otto von Bismarck ■ Robert Blake ■ Tania Blixen ■ Ernst Bloch ■ Giovanni Boccaccio ■ Heinrich Böll ■ Bertolt Brecht ■ Jean Anthelme Brillat-Savarin ■ Joachim Bumke ■ Wilhelm Busch ■ Giacomo Casanova ■ Miguel de Cervantes ■ Matthias Claudius ■ Charles de Coster ■ Daniel Defoe ■ Alfred Döblin ■ Fjodor M. Dostojewski ■ Johann Peter Eckermann ■ Joseph von Eichendorff ■ Ludwig Feuerbach ■ Theodor Fontane ■ Freidank ■ Johann Wolfgang von Goethe ■ Nikolai Gogol ■ Ivan Gontscharow ■ Günter Grass ■ die Brüder Grimm ■ Hans Jacob Christoph von Grimmelshausen ■ Knut Hamsun ■ Heinrich Heine ■ Johann Gottfried von Herder ■ Herodot ■ Homer ■ Ricarda Huch ■ Jean Paul ■ James Joyce ■ Franz Kafka ■ Gottfried Keller ■ Wolfgang Koeppen ■ Karl Kraus ■ Lukian ■ Golo Mann ■ Thomas Mann ■ Michel de Montaigne ■ Karl Philipp Moritz ■ Petronius ■ Platon ■ Marcel Proust ■ Alexander S. Puschkin ■ François Rabelais ■ Joachim Ringelnatz ■ Joseph Roth ■ Hans Sachs ■ Donatien Alphonse François, Marquis de Sade ■ Friedrich Schiller ■ Arno Schmidt ■ Arthur Schnitzler ■ William Shakespeare ■ Jonathan Swift ■ François Villon ■ Johann Heinrich Voß ■ Christoph Martin Wieland ■ Carl Friedrich Zelter
sowie an Hildegart Wördehoff für die Kochrezepte.

Quellen- verzeichnis

Hors d'Œuvre

Lukian von Samosata
in: Lügengeschichten und Dialoge (Ü.: C. M. Wieland), Nördlingen: Greno, 1985.

Christoph Martin Wieland
in: Sämmtliche Werke, Hamburger Reprintausgabe der „Hamburger Stiftung zur Förderung von Wissenschaft und Kultur", 1984.

Walter Benjamin
in: Illuminationen, Frankfurt a. M.: Suhrkamp Verlag, 1961.

Heinrich von Freiberg
in: Joachim Bumke, Höfische Kultur, München: Deutscher Taschenbuch Verlag, 1986.

Joachim Bumke
a. a. O.

Rezepte à la Montgomery, Murger, Marion Delorme
in: Erhard Gorys, Das neue Küchenlexikon, München: Deutscher Taschenbuch Verlag, 1994.

Gesegnete Mahlzeiten

Prediger Salomon u. a.
in: Die Bibel (Ü. nach Luther): Privilegierte Württembergische Bibelanstalt, Stuttgart o. J. in: Die Bibel (Ü. nach Luther): Deutsche Bibelstiftung, Stuttgart, 1978.

Nicht mangelt' ihr Herz des gemeinsamen Mahles

Homer
in: Ilias / Odyssee (Ü.: J. H. Voß), München: Winkler-Verlag, 1957.

Platon
in: Sokrates im Gespräch (Ü.: Bruno Snell), Frankfurt a. M: Fischer Bücherei, 1953.

Essstäbchen, Reisschale und Weinkanne

J. W. von Goethe
a. a. O.

Lu Hsün
in: Einige Erzählungen von Lu Hsün, Peking: Verlag für fremdsprachliche Literatur, 1974.

Kin Ping Meh
Frankfurt a. M.: Insel Verlag, o. J. (Ü.: Franz Kuhn).
Djin Ping Meh, München: Diogenes Taschenbuch Verlag, 1989 (Ü.: Otto u. Artur Kibat).

Die Räuber vom Liang Schan Moor,
Frankfurt a. M.: Insel Verlag, 1953 (Ü.: Franz Kuhn).

Das Tischgespräch

Theodor Fontane
in: Der Stechlin, Frau Jenny Treibel, München: Carl Hanser

Verlag, o. J. in: Lerne denken mit dem Herzen (Brief an Th. Storm), Heidelberg: Lambert Schneider, 1986.

Giovanni Boccaccio
in: Das Dekameron (Ü.: Karl Witte), München: Winkler, 1952.

Küchenmeisters theatralische Sendung

J. W. v. Goethe
in: Götz von Berlichingen, Artemis Gedenkausgabe, 1949.

Mozart/Da Ponte
in: Don Giovanni, Beiheft Electrola, o. J.

Heinrich von Kleist
in: Amphitryon, Der zerbrochene Krug, München: Droemersche Verlagsanstalt, o. J.

Henrik Ibsen
in: Peer Gynt (Ü. nach Christian Morgenstern), Burgtheater Wien, Programmbuch Nr. 123, 1994.

George Tabori
in: Die Ballade vom Wiener Schnitzel, Akademietheater Wien, 1996. Copyright Gustav Kiepenheuer Verlag Berlin.

Völlerei – Realität und Utopie

Ludwig Bechstein
in: Sämtliche Märchen, München: Winkler-Verlag, 1965.

François Rabelais
in: Gargantua und Pantagruel (Ü.: Engelbert Hegaur u. Dr. Owlglass), München: Biederstein Verlag,1951. München: Hanser Verlag, 1964 (Ü.: Gottlieb Regis).

Loki war hungrig wie ein Wolf ...,
in: Germanische Göttersagen, Stuttgart: Philipp Reclam jun., 1992.

Charles de Coster
in: Ülenpiegel und Lamme Goedzak (Ü.: Walter Widmer), Bern-Bümpitz: Albert Züst Verlag, 1943.

J. W. von Goethe
a. a. O.

Schmalhans Küchenmeister

Freidank
in: Johannes John, Das Zitatenlexikon, Stuttgart: Philipp Reclam jun., 1992.

François Villon
in: Das große Testament (Ü.: Wolfgang Benndorf), Wien – Zürich: Amandus-Verlag, 1949.

Ernst Bloch
in: Das Prinzip Hoffnung, Frankfurt a. M.: Suhrkamp Verlag, 1959.

Grimmelshausen
in: Der abenteuerliche Simplicissimus, München: Winkler-Verlag, 1956.

Karl Philipp Moritz
in: Anton Reiser, Stuttgart: Philipp Reclam jun., 1986.

F. M. Dostojewski
in: Rodion Raskolnikoff (Ü.: E. K. Rahsin), München: R. Piper & Co. Verlag, 1977/80.

Knut Hamsun
in: Hunger (Ü.: J. Sandmeier u. S. Angermann), München: Paul List Verlag, 1953.

Homer
a. a. O.

Franz Kafka
in: Die Erzählungen, Frankfurt a. M.: S. Fischer Verlag, 1961. Copyright Schocken-Verlag, Berlin 1953.

Tischzucht

Michel de Montaigne
in: Die Essais (Ü.: Arthur Franz), Leipzig: Sammlung Dieterich, 1953.

Miguel de Cervantes
in: Don Quijote von La Mancha (Ü.: Ludwig Tieck), Bad Salzig und Düsseldorf: Karl Rauch Verlag, 1957.

Hans Sachs
in: Epochen der deutschen Lyrik 1500 – 1600, München: Deutscher Taschenbuch Verlag, 1978.

Alfred Döblin
in: Berlin Alexanderplatz, Ullstein Bücher, 1955.

An den Brüsten der Natur

Matthias Claudius
in: Werke in einem Band, Hamburg: Hoffmann und Campe, o. J.

Goethe
a. a. O.

Johann Heinrich Voß
in: Werke in einem Band (Luise), Berlin und Weimar: Aufbau-Verlag, 1976; in: Idyllen (Der Abendschmaus), Heidelberg: Lambert Schneider Verlag, 1968.

Tafeln in der Fremde

Herodot
in: Historien (Ü.: Josef Feix), München: Heimeran-Verlag, o. J.

Johann Gottfried Herder
in: Herders Briefe, Berlin und Weimar: Aufbau-Verlag, 1983.

J. W. v. Goethe
a. a. O

Johann Gottfried Seume
in: Seumes Werke, Berlin und Weimar: Aufbau-Verlag, 1990.

Bildungsreisen des Gourmets

Ludwig Wihl
in: Heinrich Heine, Sämtliche Schriften, München: Carl Hanser Verlag, 1976.

Heinrich Heine
a. a. O.

Die Küche als Lust- und Lebensraum

Iwan Gontscharow
in: Oblomow (Ü.: Reinhold von Walter), Düsseldorf: Karl Rauch Verlag, 1957.

Marcel Proust
in: In Swanns Welt (Ü.: Eva Rechel-Mertens), Frankfurt a. M.: Suhrkamp Verlag 1953.

Tania Blixen
in: Schicksalsanekdoten (Ü.: W. E. Süskind), Reinbek: Rowohlt Taschenbuch Verlag, 1983.

Die beiden Gesichter des Dionysos

Vergil
in: Georgica (Ü.: Johannes u. Maria Götte), München: Heimeran-Verlag, 1972.

J. W. von Goethe
a. a. O.

Karl Friedrich Zelter
in: Briefwechsel Goethe – Zelter, Zürich und München: Artemis Verlag, 1987.

Alexander Puschkin
in: Gesammelte Werke (Ü.: Eugen Onegin: Theodor Commichau), Frankfurt a. M.: Insel Verlag, 1973.

Otto v. Bismarck
in: Robert Blake, Disraeli, Frankfurt a. M.: Societäts-Verlag, 1980.

Zwischen Eingang und Ausgang

Brillat-Savarin
in: Physiologie des Geschmacks (Ü.: Carl Vogt), Leipzig: Koehler & Amelung, 1983.

Jean Paul
in: Jean Pauls Werke in zwei Bänden, Berlin und Weimar: Aufbau-Verlag, 1968.

Alfred Döblin
Berlin Alexanderplatz, a. a. O.

Das erotische Mahl

Casanova
in: Geschichte meines Lebens (Ü.: Heinz von Sauter), Berlin: Propyläen Verlag, 1985.

Petronius Arbiter
in: Satyrikon (Ü.: Carl Fischer), München: Winkler-Verlag, 1962.

Honoré de Balzac
in: Die tödlichen Wünsche (Ü.: E. A. Rheinhardt), Hamburg: Rowohlt Verlag, 1953.

Arthur Schnitzler
in: Das erzählerische Werk, Frankfurt a. M.: Fischer Taschenbuch Verlag, 1977.

Karl Kraus
in: Aphorismen, Frankfurt a. M.: Suhrkamp Taschenbuch, 1986.

Schwarze Küche

Brüder Grimm
in: Märchen der Brüder Grimm, Insel Verlag zu Leipzig, 1918.

Ricarda Huch
in: Gesammelte Werke, Köln/ Berlin: Kiepenheuer & Witsch, 1966.

Friedrich von Schiller
in: Werke in drei Bänden, München: Carl Hanser Verlag, 1966.

Daniel Defoe
in: Robinson Crusoe (Ü.: Hannelore Novak), München: Carl Hanser Verlag, 1968.

William Shakespeare
in: Shakespeares Werke (Ü.: Titus Andronicus: Wolf Graf Baudissin), Hamburg: Standard Verlag, o. J.

Jonathan Swift
in: Die menschliche Komödie (Ü.: Michael Freund), Stuttgart: Alfred Kröner Verlag, 1957.

Joachim Ringelnatz
in: und auf einmal steht es neben dir, Berlin: Karl H. Henssel Verlag, 1950.

Dementis der Diät

Nikolai Gogol
in: Die toten Seelen (Ü.: Korfiz Holm), Berlin: Aufbau-Verlag, 1954.

Iwan Gontscharow
in: Eine alltägliche Geschichte (Ü.: Fega Frisch), Düsseldorf: Karl Rauch Verlag, 1968.

Anton Tschechow
in: Das erzählerische Werk (Ü. für ›Sirenenklänge‹: Georg Schwarz), Zürich: Diogenes Taschenbuch, 1976 (Copyright Winkler-Verlag, München 1968, Übersetzungsrechte bei Ruetten & Loening, Berlin); in: Gustav Faber, Badenweiler (Tschechow-Brief), Hrsg. Gemeinde Badenweiler, 1975.

Lebensweisheit aus Topf und Pfanne

Wilhelm Busch
in: Gesammelte Werke in sechs Bänden, Xenos Verlagsgesellschaft, Hamburg. Copyright 1982 by Füllhorn-Sachbuchverlag, Stuttgart.

Das Schicksal als Tischgast

Gottfried Keller
in: Gesammelte Werke, Berlin – Leipzig: Verlag von Th. Knaur Nachf., o. J.

Die Fleischwerdung Kakaniens

Joseph Roth
in: Werke in drei Bänden, Köln – Berlin: Kiepenheuer & Witsch, 1956.

Vom Sinnenreiz der Viktualien

Marcel Proust
in: In Swanns Welt, a. a. O.; in: Der Weg zu Swann (s. Spargel-Zitat Rudolf Schottlaender). Berlin: Verlag Die Schmiede, 1925.

James Joyce
in: Ulysses (Ü.: Georg Goyert), Zürich: Rhein-Verlag, 1956.

Franz Kafka
in: Die Verwandlung, Frankfurt a. M.: Insel-Verlag, 1958.

Bürgerliche Tafelgesittung

Thomas Mann
in: Sämtliche Erzählungen, Frankfurt a. M.: S. Fischer Verlag, 1963; in: Buddenbrooks, Frankfurt a. M.: S. Fischer Verlag, 1932; in: Autobiographisches, Frankfurt a. M.: Fischer Bücherei, 1968; in: Felix Krull, Frankfurt a. M.: S. Fischer Verlag, 1957; in: Joseph und seine Brüder, Frankfurt a. M.: S. Fischer Verlag, 1964; in: Der Zauberberg, Frankfurt a. M.: S. B. Fischer, 1960; in: Lotte in Weimar, Frankfurt a. M.: S. Fischer Verlag, 1974.

Pferdewurst und Kalbsmedaillon

Arno Schmidt
in: Seelandschaft mit Pocahontas, Frankfurt a. M.: Fischer Bücherei, 1966 (© 1959 Stahlberg Verlag); in: Aus dem Leben eines Fauns, Leipzig: Verlag Philipp Reclam jun., 1981; in: Das steinerne Herz, Frankfurt a. M.: Fischer Bücherei, 1967 (© 1956 Stahlberg Verlag).

Wolfgang Koeppen,
in: Das Treibhaus. Stuttgart: Scherz & Goverts Verlag, 1953; in: Tauben im Gras, Frankfurt a. M.: Suhrkamp Verlag, 1986.

Heinrich Böll,
in: Billard um halbzehn, München: Deutscher Taschenbuch Verlag, 1974. © 1959, 1995 by Verlag Kiepenheuer & Witsch, Köln.

Das Essen in Telgte

Günter Grass
in: Das Treffen in Telgte, Darmstadt und Neuwied: Hermann Luchterhand Verlag, 1979. Jetzt in: Günter Grass, Das Treffen in Telgte, Werkausgabe Bd. 9, © Steidl Verlag, Göttingen 1997.

Nachwort des Autors als Leser und Esser

Anatole France
in: Die Götter dürsten (Ü.: Friedrich v. Oppeln-Bronikowski), Rottenburg/Neckar: Verlag Deutscher Volksbücher GmbH, o. J.

Bild-nachweis

Seite 8:
Die Mahlzeit des König Artus. Buchmalerei, franz., 15. Jh. Aus dem ›Livre de Messire Lancelot du lac‹ von Gautier de Moap. Ms. français 111, fol. 283 v. Paris, Bibliothèque Nationale. Foto: AKG Berlin.

Seite 16:
Lucas Cranach d. Ä., Der Sündenfall, 1533. Berlin, SMPK, Gemäldegalerie. Foto: AKG Berlin.

Seite 24:
Gastmahl. Symposiasten auf Klinen, von einem Epheben bedient. Außenbild einer Schale. Dép. des Antiquités Grecques et Romaines, Paris, Musée du Louvre. Foto: AKG Berlin/Erich Lessing.

Seite 32:
Dinner Party at a Mandarin's House. Stahlstich von G. Paterson nach Thomas Allom. Aus: G. N. Wright, China, Bd. 1, London 1843, vor S. 93. Foto: AKG Berlin.

Seite 40:
Beim perlenden Sekt (Runde älterer Herren an einer reich gedeckten Tafel mit Hummern, Austern und Sekt). Lichtdruck nach Gemälde, um 1885, von Hans Lassen, spätere Kolorierung. Foto: AKG Berlin.

Seite 46:
Wolfgang Amadeus Mozart, Don Giovanni. Die Erscheinung des Steinernen Gastes (2. Akt, 11. Szene). Farblithographie, um 1885. Sammelbildchen der Compagnie Liebig. Foto: AKG Berlin.

Seite 56:
Das Schlaraffenland. Schulwandbild. Farblithographie nach Paul Hey. Aus der Serie: Meinholds Märchenbilder. Dresden o. J. (um 1907). Dortmund, Westfälisches Schulmuseum. Foto: AKG Berlin.

Seite 64:
Die Erstausgabe (mit Schutzumschlag) des Erzählungsbandes ›Ein Hungerkünstler‹ im Berliner Verlag „Die Schmiede". Aus: Franz Kafka. Bilder aus seinem Leben, S. 233 und S. 206.
Fotos: Archiv Klaus Wagenbach, Berlin.

Seite 72:

Tischzucht. Patrizierfamilie beim Tischgebet. Kupferstich, 1645, von Conrad Meyer. Foto: AKG Berlin.

Seite 78:

Claude Monet, Déjeuner sur l'herbe. Partie centrale (1865/66). Fragment des 1884 von Monet zurückgekauften und zerschnittenen Gemäldes. Paris, Musée d'Orsay. Foto: AKG Berlin/Erich Lessing.

Seite 84:

Goethe in der Campagna (1787). Gemälde von Johann Heinrich Wilhelm Tischbein (1751–1829). Frankfurt, Städelsches Kunstinstitut. Foto: AKG Berlin.

Seite 92:

Hamburger Käse-Frau. Radierung, koloriert, um 1800. Foto: AKG Berlin.

Seite 100:

Joachim Wtewael, Die Küchenmagd, um 1620/25. Im Hintergrund Christus bei Maria und Martha. USA, Privatsammlung. Foto: AKG Berlin.

Seite 106:

Caravaggio (eigtl. Michelangelo Merisi), Bacchus, 1593/94. Florenz, Galleria degli Uffizi. Foto: AKG Berlin.

Seite 114:

A Voluptary under the horrors of Digestion. Karikatur auf den Prinzen von Wales, 1792, von James Gillray. Radierung, punktuiert. Foto: AKG Berlin.

Seite 120:

Josef Danhauser, Der reiche Prasser, 1836. Wien, Österreichische Galerie im Belvedere. Foto: AKG Berlin.

Seite 128:

Theodor de Bry: „Diesen Rost mag man bildlich für der Wilden Fleisch … betrachten" (Menschenfresserei in Brasilien). Kupferstich, Illustration zu: J. de Lery, Histoire d'un voyage …, in: America tertia pars, Frankfurt 1692, 3. Buch, 3. Teil des de Bry'schen Reisewerkes. Erlebnisse des Jean de Lery 1556/58 in Brasilien. Foto: AKG Berlin.

Seite 136:

Im Refektorium, Gemälde, 1865/76 von Wassili Grigorjewitsch Perow. St. Petersburg, Staatliches Russisches Museum. Foto: AKG Berlin.

Seite 144:

Wilhelm-Busch-Illustration aus: Das goldene Wilhelm-Busch-Album, S. 250. © 1959 by Fackelträger Verlag GmbH.

Seite 152:

Cornelius Biltius, Rebhuhn, undat. Dresden, Gemäldegalerie, Neue Meister. Foto: AKG Berlin.

Seite 158:

Ein Wiener Kaffehaus. Holzstich, koloriert, um 1875, nach Zeichnung von Ferdinand Wust. Foto: AKG Berlin.

Seite 164:
Edouard Manet, Spargelstillleben, 1880. Köln, Wallraf-Richartz-Museum. Foto: AKG Berlin.

Seite 170:
Das Festessen. Farbholzstich, um 1900, nach Zeichnung von Stanislaw Rejchan. Foto: AKG Berlin.

Seite 176:
Harald Duwe, Familienfeier. Berlin, Galerie Poll. Foto: AKG Berlin.

Seite 184:
Günter Grass während der Vernissage einer Ausstellung über sein zeichnerisches, graphisches und plastisches Werk in der Galerie Schürer in Regensberg, Dezember 1982. Foto: AKG Berlin/Niklaus Stauss.

Seite 190:
Theodor Storm, 1857. Gemälde von Nicolai Sunde. Husum Storm-Haus. Foto: AKG Berlin.